U0096517

讀懂夢

從夢境與香氛中傾聽自己

王子欣——著

自序

　　你是否認爲「日有所思、夜有所夢」、「夢境與現實相反」或「夢是預知未來」？這些常見的想法反映出我們大多數人對夢的隱喻內容是感到好奇的。

　　其實，人在一個夜晚的睡眠裡會經歷四到六次的做夢，這是睡眠期的尋常腦部活動。然而，我們大多不記得前晚的夢境，因爲夢可能剛巧發生在熟睡期。若是頻繁的記得自己有做夢，或許反應著當時的身心狀態出現不同以往的變動，例如：太晚睡、精神過於亢奮、身體緊繃或處於焦躁情緒裡，才使得人即使入睡了，仍伴隨著幾分醒覺感受，感知到夢正在進行中。

　　睡眠是爲了讓身體休息，感知到夢境並非是擾亂睡眠，而是夢境如實地反饋出我們目前的情緒如何？心理狀況爲何？因爲日常生活中散布著各種紛雜的訊息，人爲了快速分辨訊息的有效性，只能選擇性注意某些特定的、當下判斷爲相對重要的訊息，並將挑選過的訊息加以編碼後，再輸入大腦中主管記憶的海馬迴，成爲學習的資料庫。

　　感知訊息的管道很多元，視、聽、嗅、觸、味覺等皆是，其中嗅覺是輸入大腦最原始的感知系統之一。嗅神經不經過視丘，可直接傳導至大腦主管情緒的邊緣系統，影響自

主神經系統，並刺激海馬迴與大腦皮質。換句話說，在大腦的學習資料庫中，某些記得的內容可能既帶有情緒，也帶著特定氣味。

感知、意識、記憶與香氣，息息相關。

然而，某些訊息可能很重要；但是，人卻選擇刻意遺忘。因為這些經驗或許太令人感到痛苦，或是帶有太強烈負面情緒，亦或隱含著不應該且從未被滿足過的慾望。因此，人即使在尋常生活中感知到了，卻刻意不把上述素材輸入意識裡，反而是把這些素材壓抑進潛意識中封存禁錮著。直到有天，現在的經驗與過去封存的禁錮經驗有些許關連時，被擾亂的心靈則以做夢的形式整理記憶資料庫與釋放潛意識壓力，以此提醒做夢者該去看看你把什麼議題給封存在不見天日的潛意識中。

所以，日有所思，確實會夜有所夢。或許，更貼近的說法是「日有所感知、日有所壓抑，夜就有所夢」。夢其實就是自我在睡眠中企圖將被壓抑的潛意識內容意識化，輕輕敲著做夢者、向做夢者揮揮手，提示做夢者該覺察某些事情了。

夢來自於另一種的、不同於清醒時的意識，夢境中的自我與清醒時的自我不盡相同。夢通常編寫自平時隱藏在人們內心深處，自我意識無法察覺的潛在訊息，包括深度渴望、慾望、衝動、負面記憶、創傷經驗等，這些素材藏在曲曲折折的心靈深處。因此，要解讀出夢的意涵，就不是一件

直線簡易的活動。況且，夢通常從自我盲點處開展，需要帶點願意直視自己真實面的勇氣才能揭開自我的另一層面紗。

因此，要讀懂夢，不但需要保有部分的理性，甚至還得超越理性之外，帶點冒險去拆解看似不太合理，可能還十分荒誕的夢境內容，而這就是探索夢境最迷人有趣之處。過度理性，無法穿越夢境的奇幻，難以發現夢的象徵意義；反之，過於浪漫，則會迷失在夢境的怪奇素材裡，在已知的自我層面打轉，難以深層覺察夢的啟示。若能輔以嗅吸香氛精油，從氣味分子開啟大腦海馬迴的記憶，安撫過於激動的杏仁核，能在探索心靈的旅途中增添芳香療法的底蘊，平衡理性自我與感性自我，帶來療癒心靈的效果。

嗅吸香氛、釀夢、解夢，從夢境深層意義的探索中，體驗到自我療癒以及獲得理解自己的掌控感。從夢境中理解潛意識，藉由香氛精油開啟與自己的連結，平衡內在被壓抑、被封存、被忽略的部分自我。讓香氛精油流動蓄積已久、無法疏通的情緒。藉助夢與香氛精油的對話，一次次發現自己的不同面向，內向覺察心靈、向外開拓眼界。越是澄明自我，越能找到最真實美好的自己，也越能活在當下，過著內在豐盈的生活。

這是個溫柔的邀請，本書想傳遞的是身而為人既浪漫又理性的自我覺察方式：解讀夢，向夢尋求答案，也透過香氛精油療癒自我。

目錄CONTENTS

第四章
書寫夢境 　　　　　　　　　　　　　　　　　　　…73

第一章

認識夢境：夢的心理現象

　　從小，我們都愛聽故事；長大後，也愛追劇。無論是小時候愛聽的故事，還是長大後愛看的戲劇，共通處爲將現實生活與想像世界自然地交織在一起。聆聽故事、觀看戲劇，都是透過想像力，感同身受劇情的更迭。我們一邊體會著劇中角色的感受想法，也一邊對比揣想著自己的現實生活。在幻想與現實間游走著、在現在與過去之間穿梭著。

　　夢亦是一場劇，夢境提供心靈一個過渡的空間，讓每個做夢者得以透過夢裡的符號意象來自編、自導與自演一場內心戲。

　　你就是你自己夢境的製作人，編導了夢境的場景、出場人物、物件擺設、角色對白與劇情流轉。況且，夢還是專爲你一人所製作播出，是源自於你個人的心靈深海所凝結出的專屬故事戲劇。愛聽故事、愛追劇的你，怎能不細細品味自己一手精心策畫的夢呢？夢境充滿了個人投射，蘊含自我的各個面向，尤其是隱藏我的部分，追你自己心裡製播的戲劇，就是通往自我了解的道路。

夢的產生，至今仍存著許多分歧的觀點。明明每個人都會做夢，但要探究夢的發生，卻是一件行易卻知難的事。年幼的孩子也會作夢，當兒童因爲做惡夢而嚎啕大哭時，似乎好難以一套深入淺出的說詞來向兒童解釋何以會發生做夢這件事，因爲夢只能體會，卻難以言喩，若眞要解釋，便辭窮了。也因此，自古至今，夢時常被看作是神祕的現象，企圖爲做夢歷程尋求解釋時，不免會套用神靈論的觀點，以超自然的角度來解釋夢的意義。

夢來自神靈的啟示

最遠早，古埃及人認爲夢是神傳遞諭令的管道，以神靈的超自然現象來解釋夢的產生。做夢是爲了主動接近神，做夢也是爲了被動接收神的旨意，人們藉由解夢來理解神的旨意。古埃及人把夢當成是預言，以此占卜吉凶，從解夢中得到未來的啟示。既然夢是神諭，世人多是帶著神聖與敬畏之心來解讀夢境，當然也只有神職人員才能翻譯夢境。

在古希臘羅馬時期，人們會睡在神殿裡，尋求神靈入夢來解惑。類似孵夢的方式，孵夢者得先沐浴淨化身心，並在入睡前，於心中擬定一個問題，在神職人員的指引下祈求聖靈入夢，誠心祈求聖靈顯現於夢中啟發孵夢者。翌日，孵夢者再與神職人員討論夢境，由神職人員解讀夢境中的象徵

符號意義，目的是透過解夢來協助孵夢者爲未來做決定或澄明現在的困頓生活。在當時，解夢是個神聖的工作，世人藉由孵夢、解夢而得到人生指示。夢被視爲是神蹟，神靈藉由夢境傳遞旨意，指引做夢者解決眞實生活的困境、占卜未來、趨吉避凶。法國哲學家列維布留爾（Lvy-Bruhl Lucien）曾言「夢主要是遇見未來，與精靈、靈魂、天神交往。」孵夢是接近神的管道，解夢則是理解神的旨意。

　　類似的，東方文化也以超自然觀點來詮釋夢。東方文化認爲魂魄是存在於生命體中的一種深層意識，人存在於魂魄之中，而非魂魄寄宿於身體內，魂魄能活動的範圍遠遠寬廣於人身體能活動的範圍。

　　人在睡眠中「魂魄」會離開身體而活動，夢就是魂魄出遊所致，而先人的魂魄或其他靈體亦會在做夢者的夢中相會。夢就像是個中繼站，讓亡故的先人與其後代（做夢者），跳脫三度空間的限制，破除身體與精神的侷限，讓各個魂魄有機會於夢中連結彼此關係，再次相會、相遇與相談。因此，在「夢」這個中繼站裡，夢境與現實交錯、生者與亡者相逢，在虛幻與現實之間跨越時空的藩籬共處，魂魄以精神體的形式如幻如眞地彼此相見。

　　最常見的現象就是亡者會透過「託夢」的方式來向至親好友傳遞訊息，做夢者扮演著傾聽者的角色，被「請託」去傳遞亡者的訊息，做夢者甚至被賦予寄望得去完成託夢亡

者之意念。新聞報導偶爾會刊載著某些懸而未決的命案，往生者的魂魄以託夢的方式點出破案的關鍵，令辦案者或家屬恍然大悟，使懸宕多時的不明案情走出死胡同。

如果你覺得這太神奇了，想要透過本書學通靈解夢，想像能跟咒術迴戰一樣領域展開，翻譯往生者的託夢訊息。請你先深長地吸一口氣，再細細閱讀後續的章節，因為本書將「託夢」至於括號內懸置不談，這已超過身為心理師的我所能談論的範圍。本書想要談的是，夢境中所呈現的各個部分都是來自於你內在的慾望或部分自我的投射。

怎麼說「夢境是內在慾望或部分自我的投射」呢？若將人的意識概略分為「意識」與「潛意識」。人在清醒時，意識是高度活動；而人在睡眠中，意識是低度活動。夢，則是由潛意識所推動的。這概念好比莊周夢蝶的寓意，夢是人在睡眠中真實發生的體驗。睡眠時，潛意識仍如夢似幻地思考生命的意義。在經典的莊周夢蝶故事中，莊子夢見自己化身為蝴蝶，於天地間悠然，自得快意飛翔，夢中蝴蝶一身輕。忽然醒來，發現自己仍然是莊子。但究竟是變成蝴蝶的莊子？還是變成莊子的蝴蝶呢？他認為人無法真確區分現實與虛幻，真實感知到的事物有可能是虛假的，而虛假的事物亦有可能會被真實感知到。換言之，夢雖然虛幻，亦能反映著人的心境。若能參透人生如夢之意，憂慮則不入夢。因為東方文化推崇自我與萬物合一，以達成合於道的真實逍遙，

悟道則能心靈澄靜與精神超越，成就「其寢不夢，其覺無憂」的合一自在境界。

　　過去在科學尚未能驗證的情況下，東西方文化皆以超自然或宗教的觀點來解釋夢境的產生，為解釋夢境現象添上崇敬與神祕色彩。究竟是有更超凡的神祕力量撐開人類意識的有限性而產生夢境？還是個人主觀的深層意識衍生出夢境？這爭論不休的未解之謎，各有其擁護者。即便如此，東西方的傳統文明觀點皆共同指出人在睡眠中並非處於意識休止的狀態，也提醒我們應將讀夢視為一段心靈成長的旅途。

夢是大腦清除記憶時所揚起的光怪陸離影像

　　站在科學立場的人們揚棄上述神靈或魂魄入夢以傳遞神諭的觀點。生理學家認為睡眠提供人體復原的功能，幫助身體、大腦與神經系統修復平日活動下的生理耗損。睡眠所釋放出的成長荷爾蒙有助於兒童身體與腦部發育，睡眠也能固化清醒時的學習與記憶。聽起來，睡眠是幫助成年人修復身體的必要活動，睡眠也是有助於成長中的兒童變得頭好壯壯的優質活動。

　　生理學家認為夢只是睡眠時伴隨發生的副產品，夢根本不值得耗費時間深入探究。夢被視為是睡眠中的大腦神經脈衝而慣常閃現的無意義影像。因為，人在夜間睡眠時，雖

然身體處在休息狀態，但大腦仍不止息地在活動著，而這就是夢的開端。大腦趁著睡眠時身體處於停機狀態，重新整理與更新人在清醒活動時所儲存的記憶。這樣的清理活動，是每夜大腦都會慣常進行的尋常排程，就如同電腦的資料庫會定期重新運算、再次更新整理一般。夢就是大腦在清除記憶體時所隨機閃現的片段時刻，這些光怪陸離的影像片片凝結成夢。換句話說，從這個觀點立場來看，夢只不過是大腦清除記憶垃圾時所揚起的影像灰塵，既然是揚起的訊息灰塵，當然就不具任何值得探究的深意。

專門研究夢的科學家尤金阿塞林斯基（Eugene Aserinsky）與納沙涅爾克萊曼（Nathaniel Kleitman）藉由腦電波的測量，他們在實驗室中發現依照睡眠深淺程度，可將睡眠分成四期，由淺至深分別是「入睡期」、「淺睡期」、「熟睡期」與「快速動眼期」。當睡眠進入第四階段，也就是快速動眼期時，是睡眠最深層的時刻。之後，睡眠又返回到第一階段，再重新經歷一遍。整夜，我們在這四期的睡眠中，周而復始地循環約四到七次不等。睡得越久，經歷的循環就越多次。

在快速動眼期階段（REM），眼球會快速轉動，呼吸與心跳將變得不規律。但是，此時身體肌肉卻是放鬆的、無力的，除了橫膈膜之外的所有肌肉都近似癱瘓的，但是腦波圖卻呈現類清醒時的狀態。也就是說，在快速動眼期階段的

睡眠中，全身肌肉癱瘓，只有眼球與腦波活躍，夢境也最為生動。你曾看過年幼的孩子，在睡眠中全身放鬆癱軟，一邊發出咯咯的笑聲，一邊說著童言童語的夢話嗎？這真的是做夢也在笑呢！此可愛的景象就代表這個睡得正香甜的孩子正在睡眠階段中的快速動眼期。而且，他還正夢著生動有趣的美夢呢！

快速動眼期被證實與睡眠中的做夢行為有關。當快速動眼期結束後，再依序進入其他非快速動眼時期。約九十至一百分鐘可完成一次的睡眠週期，每晚約循環四到七次的睡眠週期。而多數醒來後能夠回憶起的夢境，大多是在快速動眼期階段醒來的。如果喚醒正在快速動眼期睡眠的人，大約有八成的被中斷睡眠者會回答「我剛剛正在做夢」。

如果說平均一夜睡眠可能會有四到七次進入快速動眼階段。那麼，一夜至少會有四到七次的做夢經驗吧！但是，為何大多數的人會認為自己鮮少做夢呢？

其實，並不是沒做夢，而是不記得夢境罷了。如果要記得夢境，就必須剛好在快速動眼期中醒過來，正當大腦要切換到清醒狀態時才會記得。也就是說，如果你很少記得夢境，那就意味著你在一夜的睡眠中睡得很深沉，幾乎未在睡眠的循環中醒來；相反的，若你很常記得夢境，或是時常一夜多夢，那就表示你可能在睡眠的循環中，較容易在快速動眼期階段清醒，這反映著你在睡眠中的大腦仍然處在意識恍

惚的半夢半醒之間。所以，並不是做夢讓你睡不好，而是身體並未放鬆地沉睡，才會在睡眠中依稀記得夢境。

夢是大腦在快速動眼期階段中，大腦皮質高度活化下的副產品。因此，持此觀點的科學家認為夢境根本並不重要。雖然夢境的內容通常與做夢者日常生活所關心事務有關，但那只不過是大腦在處理資訊、鞏固長期記憶時所釋出的神經脈衝，就像打掃時揚起的灰塵一樣，此光怪陸離的視聽覺現象恰巧被醒來後的意識腦擷取片段。

因此，持此論點者認為人們對夢境的戲劇性內容做出解釋是有些不科學且無謂的舉動，夢不過是人體自發的腦部活動現象。大腦於夜間身體休息時，趁機清除日常生活中占據大腦記憶體空間的內容，在移除腦中無用記憶時順便產生了夢境。既然夢是大腦清除不需要的記憶時所伴隨發生的副產品，將夢境內容再次反芻思考顯然是無意義的舉措，此觀點認為解讀夢境流於臆測與想像，解夢是過於玄妙與不夠理性的舉動。

但是，你可能有過類似經驗，有時夢境太過於真實，醒來後受到夢境的影響，內心那股幽幽沉沉的哀傷或陶陶然的欣喜，仍在心中盤據不去。若夢僅是大腦清除無用記憶內容而揚起的灰塵。那麼，想像自己正在打掃，清理垃圾的過程中，應該不太會邊看著垃圾邊哭哭啼啼或狂喜傻笑吧？或許，這個心靈垃圾有點難以斷捨離吧！這些夢醒後殘留的強

烈且複雜的情緒，或許在提醒著做夢者，是不是該再次思考與體察發生在醒覺時的重要事件呢？

夢是爲了宣洩潛意識壓力以滿足被禁止的慾望

佛洛依德（Sigmund Freud）在催眠精神疾病患者時，發現人類精神世界存有潛意識，潛意識才是推動人行爲的主要因素。他於1899年完成《夢的解析》一書，他相信解讀夢境是一種理解個人內在心靈的方法。自此，掀起將夢應用在心理學的序幕。

佛洛依德認爲在日常生活中，人以意識在分析、評價與做決策。人在意識層面形成的想法雖然可以被言傳，卻是屈指可數；而盤踞在潛意識的意念繁多，卻是難以被覺察發現。佛洛依德提出人類心靈的總能量是固定的，若以漂浮在海中的冰山來隱喻人類心靈，整體心靈就像是一座冰山，包含能被覺知的「意識」、在海面載浮載沉的「前意識」以及心靈最深處的「潛意識」。在這座心靈冰山，能被看見的部分是意識，無法被直觀看見的則是處在海面之下的潛意識。

意識可以被知曉，就像漂浮在水面之上的部分冰山，具體且顯而易見，但意識占據整體心靈的範圍較小，大約是十分之一；潛意識就好比是漂浮在水面之下的部分冰山，體積較爲龐大，是整體心靈的主要構成，也控制著整體冰山的

讀懂夢

流動方向與速度，但是，卻不容易被覺察。

　　自幼年起，代表本能原始慾望的「本我」與代表社會規範的「超我」相互拉扯，最終由「自我」依據現實條件權衡協調本我與超我。有時，不被接受的本能慾望受到現實環境條件限制，想要卻不能的焦慮引發防衛，並告誡「本我」這些念頭與想法是不可以出現、也不可能被實現。被制止的本能慾望就被從「意識」中迅速地擠入水面之下的「潛意識」冰山內儲存著。日積月累的，潛意識中逐漸塞入各式各樣的難受情緒經驗、難以言說的慾望，這些內容混亂又零落地儲存在潛意識裡。

　　越是壓抑、就越是混亂，「壓抑」是所有情緒困擾的來源。意識費盡心力去阻擋潛意識內容浮現，極力避免潛意識中被壓抑的情緒滲入干擾日常生活。潛意識慾望看似被壓制，但是，那只是暫時的。壓抑是很費力的壓制阻擋，並非是丟棄這個念頭，壓抑僅僅是避免這個念頭進入意識。想像你正在用手推壓著水杯裡的冰塊，越是用力擠壓冰塊，冰塊就會反彈越高。這歷程就如同人企圖把意識裡的某件素材壓抑進潛意識中。即便耗盡多大力氣阻擋，被壓抑的素材仍會伺機而動，趁意識薄弱時偷偷竄出。像是白天時會不小心說溜嘴，講出令自己都感到訝異的字詞；或是夜晚時，以做夢的方式滿足被壓抑的本能慾望。

　　潛意識以「做夢」作為紓解焦慮的管道，夢就是辨識

內在衝突的重要途徑。夜間，人擺脫束縛與防備，本我試圖擴充範圍，以做夢的形式擾動自我。夢醒後，自我奪回掌控權。產生夢的動機就是個人內在受到某種慾望推動，做夢的目的在於滿足現實生活中無法被達成的願望或釋放潛意識的焦慮。清醒後，夢中的感受延續殘留，細細咀嚼夢中似眞又非眞的餘韻，才能體會夢裡不受現實束縛、不受教條規章綑綁、不受法律道德拘束的內心戲劇。

解讀自己的夢，能完整一個人的整體心靈。倘若無法覺察自我內在深層的焦慮根源，就只能反覆啟動防衛，不自覺地不斷躲避，遠離自己最無法接受的自我面。但是，越是充耳不聞、越是視若無睹，就越會停留在最淺薄的心靈層面。從佛洛依德提出的冰山譬喻來想像，整體心靈能量固定，當人能覺察的意識越少；那麼，受壓抑的潛意識就占據越多，漂浮在人世間的所作所爲就越易受更巨大的潛意識決定方向，但人卻渾然不覺，這好像有點可惜啊！

在我自己的諮商工作中，當成熟的時機來臨，我也時常與來談者談夢。因爲夢是做夢者獨自的活動，夢是來自潛意識最眞實的聲音。透過解讀夢境有助於提升做夢者的個人覺察與頓悟，在心理治療上極具探索意義。因爲心理治療的多數時刻滿仰賴語言對談，由意識所主導的對話內容，時常蒙上來談者不自覺的層層防衛、無明的個人投射，有時得耗費大量時間與力氣才能窺見其幽微的內在心靈。若是繞過日

常生活層面，以「談夢」作為諮商對話的主軸，相較於揭露日常真實生活裡頭的苦痛，談論夜間發生的玄妙夢境，似乎較容易使來談者自然地卸下心防、釋放內在焦慮。

被自我壓抑的生命課題就像個調皮的小搗蛋。夜晚時，封印被解除，小搗蛋會偷偷潛入夢中，釋放各種被壓抑的、不被認可的慾望，將之編織凝成夢境，既象徵隱喻又真實赤裸地展示在你眼前。你今夜不讀懂，過些時日，小搗蛋又會捲土重來，直到你正視之。每夜每晚，小搗蛋可能會輪流編排展演不同的夢境，但其主軸情緒可能是共通的、情感經驗是類似的。有著同樣的哀傷、類似的罪咎、相像的思維與相仿的嘆息。夜夜如同翻轉沙漏般，一再再永無停休的翻轉、再現，直到你願意讀懂夢境，擁抱被壓抑的小搗蛋，他才能燦笑與你融合為一，不因意識的忽略而蠢蠢欲動。讀懂來自潛意識的調皮小搗蛋，就能看見完整的自我。

夢在提醒你，你白天表現得樣樣都好、毫無缺點，但唯一的缺點就是：缺點「我」，那個被自我忽視、被意識塞進藏入潛意識中的「那個我」。

夢藉由揭露潛藏在心靈深處的陰影面以完成自我整合

心理學家榮格（Carl Gustav Jung）堅信人二十四小

時都在做夢，只不過在睡眠時，少了繁雜瑣事的干擾，人才得以平靜感知夢。睡眠是為了理解夢，並將夢中的覺察引入清醒後的日常生活。也因此，榮格學派分析師很習慣以談論夢境的方式去協助來談者理解自己。榮格以島嶼來譬喻內在心靈，有別於上述之佛洛依德以冰山比喻人的意識結構論。

榮格認為人能感知到的意識就好比露出海面的部分島嶼，人的潛意識就像是島嶼在海平面之下不可直觀的部分，而島與島之間相互連結的海床，就像是人類累世以來的心理沉積，即為人類的「集體潛意識」。集體潛意識是始自有人類以來，世代更迭累積的共同社會經驗，人類集體儲存於每個人的潛意識之中，形成集體潛意識。也就是說，榮格將潛意識的內涵更加擴充，潛意識包含個人的以及集體的。因此，榮格學派分析師在解讀夢境時，不僅重視夢境中的個人背景脈絡，也關心集體文化對做夢者的象徵意義。

人類共通經驗的存在形成集體潛意識的素材，集體潛意識在夢中常會以象徵符號出現，榮格將此稱之為原型。由集體潛意識所推動的原型夢中，通常會借用從古至今流傳下來的神話、傳說或童話故事裡的角色，像是小精靈、惡魔、龍、蛇、英雄、智者、公主等人物，或是帶有女性化陰柔或男性化陽剛特質的角色。除了童話故事角色之外，原型人物亦可能會藉由帶有強烈特定人格特質的角色作為信差，像是戰士、小丑、國王、皇后、母性、毀滅者、魔術師、救世主

等心靈原型。因此，要理解夢，不能侷限於探索個人潛意識的部分，還得深入去探究集體潛意識所幻化出的原型，細品原型的象徵經驗意義為何。

　　試著想像李奧納多曾主演的電影《全面啟動》，劇中主角穿梭在現實與夢境之間，啟動「夢中夢」來進行任務，進出一層又一層的夢境與現實。若以《全面啟動》這部電影的概念來比擬探索夢境的層次，來自於前意識的夢是屬於第一層次。前意識游移在意識與潛意識之間，前意識層次的夢境內容大多與日常生活可清晰辨識的尋常事件有關，像是才剛背誦完課文就入睡，就有可能會夢見複誦課文的景象。

　　第二層次的夢屬於個人潛意識的，可追溯到童年期被壓抑的情感經驗，個人潛意識的夢與童年期未被梳理的心理議題有關，啟動第二層次夢的主因大多來自於白天經歷到某些帶有強烈情緒感受的生活事件，而此時此刻這團複雜的情緒感受與童年時彼時彼刻未解決的心理議題相關聯，卻被意識所忽略壓抑著。直至夜間，藉由夢來串起過去與現在的複雜情緒。第二層次的夢在幫助做夢者理解自己為何會在某些類似的時刻反覆做出相似的反應，夢指出做夢者一直以來尚未找出適當解決方法的困境在哪，催化做夢者思考究竟想成為什麼樣的自己。因此，第二層次的夢，大多與自我多重且複雜身分的認同與整合相關，夢指出困境是為了讓做夢者覺察，而後能更加積極地過生活。

相較於第二層次的夢是與自我存在的本質相關，第三層次的夢則與靈性、與生活環境有關聯。第三層次的夢幫助人接觸更高的自我，讓人以更覺醒的方式過生活。第三層次的夢是屬於集體潛意識的，集體潛意識的夢相當罕見，人一生中夢見第三層次的夢可能屈指可數，但卻會帶來對自我生命的深刻省思，因為來自於集體潛意識的訊息隱藏著高層次的人類智慧或力量，暗示我們生活需要做出更有意義的改變。

夢中的訊息可能會帶來絕望與恐懼，亦有可能會喚起愉悅美好的感受，夢有苦痛的、也有喜樂的。就如同心靈中的美好與罪惡，這聽起來是不是像極了愛情，夢可以讓人又痛苦又快樂！有點類似，人類的心靈如同太極的符號，具有陰與陽兩端，分別代表陰影面與光亮面。陰與陽並非處於對立方，而是兩者並存。陰影與光亮都屬於同一個心靈，有光亮才能有陰影；相對的，有陰影才能襯托出光亮。當陰影閃現，會令人感到格外慌張羞赧。但是，如果刻意忽視陰影，自我欺騙而不去覺察陰影是屬於完整內在心靈的一部分，人將會在傾斜中歪歪扭扭地負重前行。終究會失衡，最後還是得付出代價。尊重陰影，每天來理解一點自己的負能量吧！

榮格曾言：「與其當個好人，我寧可做完整的人。」若拒絕承認自己本性中的陰影面，以為拋去了陰影面，好似擴大了光亮，但其實是掩蓋改變的起點，反而會持續在幽暗

處積累陰影，形成闇黑情緒，像是憂鬱、躁動、憤怒等。那麼，不拋棄陰影，但刻意不去理會心中的陰影面呢？一旦打定主意不去理會心中的陰影面，其實就是不去平衡心靈中的陰與陽，甚至一昧地想將個人的陰影面消滅，彷彿在不斷吞噬自己的陰影。最終，陰影會像蓄積已久的反應爐，只要一個契機誤觸開關，反應爐就會爆炸，陰影會以最強大的破壞力反撲。這樣說來，難不成要等著陰影面反客為主去吞噬光亮面嗎？也不是，全然的闇黑心靈反而會阻礙人性最美好的存在。

　　不健康的因應陰影面的方式，包括上述之拋棄陰影、吞噬陰影、被陰影給淹沒之外，還有另種可能就是將內在的陰影面投射出去。有時，人會強迫他人背負自己該整合的陰影，因為將陰影投射到他人身上比自己吞入簡單多了。常見的就是在生活中鎖定一位代罪羔羊，讓他背負起自己所有的陰暗面。很多父母沒有意識到自己的陰影面，不自覺地直接將自身的陰影投射在子女身上，像是丟出「害怕失敗的焦慮」、「追求完美的自卑」、「一事無成的恐懼」、「夫妻失和的憤怒」等陰影面，以此激勵子女再努力、不准失敗，要求子女活出父母自己都沒有活出來的人生。父母將自己的內在戰場擴大到子女身上，看似平衡了父母自己的內在心靈，但這其實造成子女莫大的痛苦，父母也在這過程中難受萬分，這其實是很令人感慨惋惜的親子互動。

這可憐的孩子，自幼就被迫面對更龐大、更紛雜的陰影面，包括自己的陰影、父母投射出的陰影以及融合混雜到分不清究竟是自己的還是父母投射過來的陰影。以年輕人的說法就是，這個辛苦的孩子在成長的過程中，無奈地被逼著開地圖砲狂打怪，那「怪物與牠們的產地」就是來自父母投射過來的陰影面。

其實，身而為人，人具有多重角色，人性也有其複雜度，我們很難不投射出自己的陰影，也很難不去接收到他人投射出的陰影。也不是真的要開地圖砲回擊，雖然回擊真的比較容易，但回擊的代價就是會越來越背離完整的自己。

面對自己內在的陰影，相較於不反擊、不疏離、不理睬、不投射等消極因應策略，反而要以更積極的態度面對。但是，「面對」的意思並不是怒氣沖沖地去面質衝撞投射者，而是把目光放在自己內在的那種「面對自己」，專注在自我內心的探索上，試圖理解陰影面，讓陰影面能在意識層次被發現、被擁抱與被讀懂。

一個自由自在的人是完整的人，同時具備強大的光亮面與理解自我的陰影面。詩人威廉布萊克（William Blake）曾言：「人類需要讓自我的這兩部分和解，我們應該到天堂尋找形式，到地獄尋找能量，然後將這兩者結合。」

當我們能平衡內在的光亮天堂與幽暗地獄，就能發揮

讀懂夢
從夢境與香氛中傾聽自己　　...24

更流暢的創造力。一直朝向光亮，能帶給人活力與積極，使生活過得有目標、有意義。但是，只會直挺挺地朝向光亮，日子久了，原本得心應手的事情就可能會變得枯燥乏味，好似人格面具僅固定在某個可以示現於人前的樣板角色，原本無往不利的生活會漸漸乾枯，會越來越索然無趣。在此時刻，陰影的力量就會爆發，蠢蠢欲動地試圖顛覆以往苦心建立的面具形象，像是沮喪、無望、外遇、職業倦怠、酗酒、成癮等，各種闇黑情緒、念頭或行為席捲而來侵擾，逼迫人反叛。此時，更該理解自己的陰影面，傾聽未曾發聲的陰影面，理解陰影的毀滅性力量其實是在創造自我成長的機會。

　　一直朝向光明，當然看不見身後幽暗的影子、也見不到背後更寬廣的森林。此時，只需要轉過身來，擁抱自己的陰影面。榮格心理學家羅伯強森（Robert Johnson）提醒我們：「是擁抱陰影存在的力量，而不是擁有。」

　　舉例來說，若工作上遇到慣老闆的刁難與欺壓，心中可能會冒出氣到想傷害慣老闆的念頭，這就是種闇黑的想法，是內在陰影面正在作祟。我們能做的是理解自己闇黑的想法，承認自己感到渺小與委屈，去擁抱受傷又憤怒的自己，給自己安全感與力量，再帶著受傷的自己前進，而不是擁有闇黑的想法或是去落實闇黑的計畫。承認陰影之後，接納自我的不完美，而不是擁有陰影。

　　沒有黑暗，哪來的光明。陰影也好、光明也好，兩者

都是我的內在。有勇氣看見陰暗面才能修復崩解中的自性，有意識且尊重地讓陰影與光亮相互平衡。一旦理解與平衡之後，你將會發現陰與陽並存，反而讓心靈的版圖變得更擴大，生活其實是充滿彈性與喜樂，對稱平衡的中庸才是合一與創造。

讀懂夢
從夢境與香氛中傾聽自己　...26

第二章
釀夢：睡在困惑上以自我指點迷津

　　思想家愛默生（Emerson）曾說：「夢以象形文字回答我們所提出的問題。」在夢境中能超越經驗與現實的侷限，讓潛意識漫遊、創造力翱翔；探索夢境不僅可滿足人類天生愛聽故事的本性，更可以透過傾聽夢境所欲傳達的訊息來理解自己。想要一窺夢境的奧祕，首先需要靜心，才能如實地一一拆解夢境。

　　只要你願意觀賞夢境、凝視自己，必能撥開迷霧讓心靈悸動。夢將從詭譎迷惘到曙光乍現，令做夢者找到自我存在的獨特意義。

　　有些學者認爲解讀夢境必須交由專業的心理師陪同探索，有些學者則持相左意見。一般來說，在安心信任的氛圍中與心理師談自己的夢，讓兩人在一次次探索內在湧現的夢境主題中同理共感、找尋意義。心理師非基於個人偏好或私人投射來快速斷言夢的意義，而是以眞誠探問引發做夢者對自己內在心靈更深層的探索。心理師再整理做夢者的覺察內容，與之核對討論，兩人一同理解夢境中複雜的情緒糾結，

這是種特殊的心理治療形式。

　　我認為無論是專業心理師陪同還是自行解讀夢境都好，解讀夢境就是自我探索的管道之一，沒有哪種自我探索的方式是最好的，只有最適合的！有人適合跟隨契合的心理師，在諮商對談中分析夢境；然而，有人卻傾向獨自浸泡在自己夢境中自我解讀。

　　解讀夢境所帶來的高福樂感，莫過於遇見內心深處那個被忽略、被隱藏的自我，再以溫暖、友善與接納的態度安撫之，告訴那個被忽視的自我，一切都會沒事的。你可以自行判斷，究竟自己是適合在專業心理師伴隨下同理共感夢境呢？還是使用本書作為指引，自己解讀夢境呢？沒有最好的方式，只有最適合自己的。

　　把夢當成是一段與自我相關的隱喻故事，願意傾聽自己的故事，就是願意關懷自己、嘗試理解自己存在的意義。夢是做夢者自己創作的藝術展演，詮釋夢境是理解創作的過程，就像是在欣賞藝術作品，只需參酌個人過去的與現在的經驗，再帶點理性、帶點感性地重新省思，傾聽潛意識說話，擴大覺察，再整合內在自我的多個面向，最終將在自我悅納中融入體會於生命之流。

　　如果你準備好要自我解讀夢境，就帶著心理視框轉移的想像力啟程吧！人在做夢時是「創作者」與「觀看者」的角色；解讀夢時，心理視框需移動位置到「評論者」與「覺

讀懂夢
從夢境與香氛中傾聽自己　　... 28

察者」角色，再次體會身體感覺，綜合分析感受以及內觀想法；若能進一步把夢中的體悟應用在真實生活中，心理視框又位移至「實踐者」角色。這些心理視框的移動與轉化，能為內在心靈撐開更寬闊的靈活空間，加深對生命的體察，也豐厚生命的廣度，更增添自我生命的彈性。

　　或許有人會認為自我解讀夢境實在太過於抽象，晦澀難懂又充滿不確定性。但是，又好想理解自己鮮明的夢。於是，就從古老的書櫃裡翻出解夢大全、周公解夢之類的經典古籍，翻閱查詢夢境中出現的物品或行為所對應的意義。從解夢辭典直線翻譯夢中的象徵符號或事件，舉例來說，常見的有：夢見火就代表事情正在發生劇烈變化；夢見嬰兒代表新的改變等。這是很便利的做法，但是，若僅是翻閱查詢、直譯夢境，悄悄繞過做夢者的自我詮釋與反芻檢核。如此直譯式的解夢既簡易又快速，即使有部分是符合做夢者的內在心靈，卻又好像有些流於武斷，未能細細品味夢境的獨特個人化訊息。這樣是不是有點可惜了夢呢？扁平夢境的意義，也窄化做夢者觀看內在的視角。

　　其實，自我解讀夢境並不需要特別精準的分析，解讀夢境僅仰賴你個人如何再次省思這個夢與現在的、過去的你之間的關聯，是種內向省察、向過去請教的態度。若你想要更深刻理解自我，也可以與專業心理師一同討論。一場夢境內容很有可能會需要一段時期的諮商晤談，才能穿透夢的象

徵意義，看見個人深層的慾望與存在的核心價值。當然，也可以用輕鬆有趣的態度，藉由自己解讀夢境來認識那個被忽略的自我內在。解析夢境其實是可以自行練習的，只要帶點理性分析又帶點浪漫情懷，以輕鬆又不失認眞的態度去反思夢境意涵。

　　無論是在個別諮商裡由心理師陪伴解讀夢境或自己解夢，做夢者都應該對自己的夢負起較大的解釋責任。透過解讀夢境來進行自我理解並沒有一套標準公式，端視現在的你自覺適合哪種方式。

解讀夢境之前得先開啟感受感覺

　　要過濾哪種情緒可以被接受、哪種情緒不可以出現，其實是很耗費精神力氣的。光是要控制感覺就很令人疲累，更何況還得壓抑情緒去作態行爲。爲了維持人前的光鮮亮麗，就得用盡力氣遠離會引發痛苦感受的經驗，漠視不能被他人看見的、自己也不願意見到的部分自我。時間一久，往往侷限自己探索未知的可能，也遺失了一部分的眞實感。很常見的現象是人爲了保持表面上的耀眼奪目，而更用力去控制自己的表現，掌控他人的言行。爲了營造美好而小心翼翼又緊繃地活著，深怕一不小心出錯而丟臉、失面子。當自己表現不如預期或他人脫離自己掌控時，恐懼自己不完美的樣

貌會被窺見。慌張、擔憂、罪咎感受湧現，甚至開始憎恨帶給自己負面感受的他人，懊悔自己不夠謹慎而陷入自責，彷彿苦心打造的美好世界破碎崩解，瞬間墜落痛苦的自卑情緒深淵。

因為控制情緒而耗費更多氣力掌控自己與他人，最終卻因失去控制而崩潰。多數情況是，選擇控制情緒與支配他人的主因是：缺乏安全感，僅能透過控制與支配來自我防護。「控制」其實是為了鞏固安全感，是種自我保護的策略。當情況失控，就得更奮力掌控，以免失去安全感。為數不少的來談者，就是因為陷入這樣的情緒行為循環而求助，希望透過諮商解除負面情緒深淵，好讓自己快速回復到完美且有控制感的自己。

當然，我們每個人都想要表現美好與活得精彩，我們每個人也都渴望被別人欣賞與被認可。這無可厚非，這是人的本性。但是，人不可能天天開心、天天笑哈哈，不允許自己出現負向情緒是很荒謬的假定。情緒只能管理，不能去控制或壓抑。拒絕、否認、不去感受負向情緒，這些方式並不會抹去那些負面經驗，也不會驅離負向情緒，反而會將情緒深深存放在潛意識中。在諮商裡，得花些時間與來談者一同去探索，理解令人感到痛苦的並不是那些負向情緒，而是費力壓抑負向情緒而讓自己變得疲累、無感與焦慮，不去感受感覺才是令人乏力與動彈不得的主因。藉由排斥不可忍受的

經驗，好讓自己離開痛苦感受，用自我欺騙的方式迴避感覺，內心將變得空洞，也益發渴望向外尋求別人的讚賞，藉以填補內在的失溫與空虛。

說真的，與其向外尋求被認可，倒不如學會自我肯定。而，自我肯定的第一步就是開啟感受感覺，尤其是去接觸與理解帶來負向感受的情緒。如此一來，人才能認識完整的自己，擁抱真實的自我與肯定自己。

如果弄丟了物品，你會在光亮處找尋遺失物呢？還是會在可能弄丟物品的遺失處找尋呢？白天遺失的部分自我將在夜裡的夢境裡現身，回到白天所忽略的內在就是探索夢境的起點，而進入遺失處的指引就是情緒。因此，在進入探索夢境之前，別急，先感受一下現在的感覺，「感覺你的感覺」是很重要的前導練習。解讀夢境需要開啟「體會感覺」的雷達，把對自己的刻板印象掏空，帶著好奇與一無所知的態度，虛心向夢請教，體察夢所引發的感受感覺。

解讀夢境並不是為了拆穿自己的防衛，也不是為了喚起令人感傷的內疚或粗暴的自我批判，而是起心於對各個部分的自我充分同理與溫柔體諒。認識全然的自我後，學著善待自己、對各個面向的自己都友善親近，才能重新獲得對自己的親密感，讓自己更趨向完整且真實。

深呼吸，帶著體會感覺的溫柔隨行，再啟程解讀夢境之旅。

讀懂夢
從夢境與香氛中傾聽自己　　... 32

與夢對看：夢境映照出生活的背面

　　有時候，我們需要藉由一點點扭曲的方式來讓自己心裡感覺好過些。適當的扭曲、偽裝或否認事實能減輕個人焦慮。說個黑色笑話，醫生認為已經不需再向病入膏肓的年長者隱瞞病情，他來到重病長者的病床旁，說道：「事到如今，你應該也已經猜到自己的病情並不樂觀。在你所剩無多的時日裡，你想見什麼人嗎？」老人虛弱地點點頭表示理解，用微弱、幾乎聽不見的聲音說：「我想看另一位醫生。」

　　醫生言下之意為患者已病重到無法治療，暗示他須完成最後心願。但患者拒絕相信醫生告知的訊息，「否認事實」是最常見的心理防衛。雖然，適當運用心理防衛可緩衝外來的壓力與平衡內在的焦慮。但是，過度且頻繁地使用心理防衛，將成為沒有彈性的反應模式，無法真正體會事件底下被壓抑著、卻也是最真實的情緒。更甚者，心理防衛僵固地成為無法扭轉的自動化不適當情緒因應模式。一旦習慣了自我欺騙，人生將過得僵化與虛假。此時，潛意識便會溜進夢裡，藉由做夢來舒緩高張的焦慮情緒，以夢來平衡陰影面與光亮面。因此，白天過得事事如意者，須留心夢境中陰影面的意涵；相反的，白天過得陰暗憂鬱者，則得花時間去關心夢境中的光明處。

從解讀夢境中能發覺日常生活所未覺察的議題，當生活變得汲汲營營，每日匆忙追趕目標，人很容易被淹沒在尋常日子的軌跡之中。夢帶有點到為止的玄妙，暗示做夢者該好好善待自己。在自我解讀夢境之前，得先練習每天都留一小段陪伴自己的空閒時刻。就是刻意把時間空下來，目的是讓人能擁有一段完整屬於自己的空白時間，讓身心擺脫一整日的繁雜，在寧靜中澄明內在。把時間空閒下來全然陪伴自己，就是練習關掉心理防衛機制。

　　陪伴自己的時刻可以選擇在睡前一小時，把燈光調暗，關掉電視與電腦，將手機調整為靜音，播放著輕鬆的音樂，再做點讓自己感到平靜舒緩的小任務，像是整理凌亂的書桌、喝杯熱牛奶、聞聞香氛、閱讀、泡個熱水澡、冥想等。

　　脫掉白天的面具，卸下慣用的心理防衛機制，回到最初心的自己。無論是身體或心靈，都需要鬆動的空間，內心有餘裕才能發現自我未明處。這過程就好比是頭上頂著眼鏡，卻遍尋不著眼鏡。一旦當你坐下來、歇歇腳時，眼鏡便自然滑落，才恍然大悟原來眼鏡一直都在自己頭上卻渾然不知。陪伴自己的靜心時刻，就是讓人鬆開我執，才能有空間去看見全部的自己。

　　一旦規律地將陪伴自己的時間納入每日生活中，你將會發現自己睡眠品質變得更佳、活得更有精神，也更能從夢境中探尋到日常生活所未察覺的背面。

讀懂夢

與夢對話：從夢中取一瓢感覺之水

　　雖說是解讀夢境，但重點卻不在解釋、分析，而是在
「感覺」。體驗覺察你對夢境的鮮明感受、身體出現的感受
感覺以及當下立即冒出來的直覺念頭，這些才是解讀夢境裡
最重要的活動。

　　受到佛洛依德所撰之書《夢的解析》的影響，解讀夢
境常被認為是分析做夢者的內在心理。其實，在自我解讀夢
境的活動中，比較偏重的面向是「探索感受感覺」，而不是
在分析行為；也比較傾向是「覺察後的再次擁有感覺」，而
不是「理解後的再度駁斥感受」。

　　受到現實環境的限制，可能會令人綁手綁腳、施展不
開，但現實是束縛不了內在心靈的自由，夢提供舞台讓被壓
抑的潛意識得以展演。一段深度的自我覺察夢境，除了認知
上的成長之外，更需要情緒上的體會。很多人由於過去的生
命經驗裡未曾得到過滋養的成長關係，內心的創傷心結使人
長期處於固著狀態，對心理成長造成阻礙，使人停滯在某個
階段而無法繼續往前。要克服內心固著所造成的停滯，方法
就是將出現僵局的那段過往重新於心回溫，再次完整且充分
地覺察初始情緒，透過接觸與感受，並加以撫慰與理解，才
能讓鬱積的情緒癥結流動，使體會實踐於生活當中。

　　當你感到停滯、困惑時，不妨從夢境中取一瓢感覺之水。

從解析夢境中體會潛意識究竟想訴說何種情感以及表述哪個部分的隱藏自我。腦袋想不出來，沒關係，就從身體的感受感覺開始吧！人原廠設定認識世界的方式就是透過身體的感覺器官，包括視、聽、嗅、觸、味覺等去接收外界訊息。練習將自己內建的晶片初始化，深呼吸、靜心，再透過感覺器官去感受這個夢帶給你的身體感覺為何？想到這個夢，心會暖暖的嗎？腸胃會緊縮嗎？肩膀會僵硬嗎？胸口有哽塞感嗎？手腳會沒力嗎？還是眼眶會濕潤呢？這個夢聞起來甜甜的？還是咀嚼起來帶點苦澀呢？感受你的感覺就像是細細省察身體傳來的訊息，從頭到腳、由外到內的掃瞄一遍。

　　在成長過程中，我們的大腦被訓練成好似是一家精密成熟的自動化工廠，以過往的生命經驗為編碼程式，寫入大腦的自動化念頭機臺裡，以自動化的方式生產念頭，產出念頭就像生產罐頭一樣，制式且快速。解讀夢境反而是要走出自動化念頭工廠，反璞歸真，像是個精雕細琢的手工藝家，邊揉捏夢境、邊體驗情緒、也邊琢磨想法。解讀夢境就像是投身藝術創作，歷程中的情感覺察與創作結果同樣都令人動容。

與夢交織：擁抱夢隱喻於日常生活

　　夢將縈繞在我們心頭，蟄伏於意識邊緣蠢蠢欲動的慾望編製成為一場劇。夢裡，實現白天清醒時所壓抑的慾望。

夢對現實生活的失落蘊含補償的療癒效果。透過上述之「與夢對看：夢境映照出生活的背面」以及「與夢對話：從夢中取一瓢感覺之水」後，或許能逐漸清晰被壓抑的潛意識內涵。而人是要過生活的，揭開夢、意識、潛意識、過去經驗以及當前處境之間的關聯後，才能從中輕巧揉捏出最平衡、最適合自己的生活態度。

若你暫時想不到改變的方式，那就藉助等待的力量吧！停住、不否認、不辯解，讓自己有充裕的時間與空間去思考，為什麼我現在會出現這個夢境呢？何以我在夢中會有如此的反應呢？我該如何面對自己內在真實感覺到的恐懼或欣喜呢？

當現實生活迫切需要有個改變時，會在夢中形塑出特定的影像、角色或物件，對著你揮揮手、暗示著你該看看囉！有所發現後，其實並不用急著讓自己做出改變。先停留一會兒，緩緩地、溫柔地讓自己與發現相擁一陣子。過去那些既有的、慣常的反應模式，現在會令你感到不適，或許正反映出這慣常的自動化模式已過時，阻礙著現在的你成為更完整的你自己。

人會日復一日地鑽入習以為常的舊有模式中，正是因為這些舊有模式是從數以萬計的日子裡，人不斷與自我、與他人、與社會環境，在日積月累的互動下，逐漸堆砌出的個人私有價值觀與行為模式。現在看來，這些模式雖然很過

時，卻也緩和改變可能會帶來的生活碰撞。舊有模式以前很管用，現在卻過時了，在尚未發展新模式之前，就先借助等待的力量吧！

有時，從解讀夢境中得到的自我覺察會在內心翻攪著，因覺察而興起改變的動力，推波平靜的心海起波瀾、濺起浪花，這浪花可是會波及旁人的。家人、朋友或你自己，都有可能會因為你的覺察、你的意圖改變，或深或淺地受到些許影響。改變是很不容易的事情，改變不只需要勇氣，改變更是需要時間熟成。細細思索、慢慢推演。在還沒有想清楚之前，貿然實行改變其實是有可能令自己捲入更大的風暴中。

當然，改變是重要的，但更重要的是在改變之前得先細細覺察，覺察的力量在於「停住」，也就是當你覺察自己正在重蹈覆轍舊有的行為模式時，先停住，等待，想一想「我內心真實想要的是什麼」。動腦，而不動手也不動口，停住時間才能讓改變熟成。因為改變是一段歷程，是由一連串的決定所組成的，這無法速成吧！

「覺察與停住」就是做出一連串改變決定的地基。一旦決心改變，就要承擔因改變緊接而來的漣漪效應。改變是為了接近自己、成為自己。若暫時改變不了現況，也不能失去自己，那就繼續保持覺察，學著讓自我心靈內的陰影與光明共存、平衡流動，接納完整與真實的自我，才不會在人海中隨波逐流弄丟了自己。

讀懂夢

第三章
追劇：在香氛中追你心裡的戲劇

在日復一日的尋常生活中，有歡笑、有淚水，因為情緒流動而使生命激起美麗的浪花，情緒讓生活富饒樂趣，認識自我情緒是人生至為重要的課題。

然而，最重要的東西往往眼睛看不見、容易被忽略，情緒即是。

我們時常略而不談在生活事件中所感受到的情緒。試想，當一群人在餐會中愉快自在地笑鬧聊天，與會的成年人鮮少刻意慎重地以語言表露內在感受到的情緒，我們很不習慣也很少會刻意停下來，清清嗓子，對著朋友說：「現在，因為與你們相聚，我感覺非常愉快。」我們大多是在嘻笑中自然而然地渡過愉快的時光。情緒如鳥飛不留影，悄然地到來又無聲息地消散。其實，情緒雖然沒有被意識覺察，卻是在無意識間存在著、流動著。此時，若有個純真的幼童，溜著滑步車竄入成年人的聚會裡，大笑地說：「我現在好快樂呀！」這番天真的話語應該會逗樂在場的成年人吧！幼童純真的話語，道出情緒存在的本質，讓快樂情緒從身體有感知

卻無察覺的無意識層次浮現至意識層次，讓聚會中的每個人同理共感，一同珍視情緒，於心回溫此刻的美好愉悅。

情緒如同氧氣，沒有缺氧過的人，不知道空氣的重要

　　我們都知道空氣的存在，卻不會頻頻注意著自己正在呼吸空氣，也不會刻意叨叨絮絮地說著我正在呼吸空氣呢！情緒就像是空氣，我們腦袋的認知上都知道情緒一直存在著。但實際上，人卻不會時時刻刻自我覺察當下的情緒，此時的情緒是存於無意識中，人雖然在身體層次能感知情緒的作用，卻在意識層次較無覺察。直到遇上了令人心海起波瀾的事件，促發生理與心理同時起了變化，像是心跳加快、血壓上升、手腳冒汗、皮膚潮紅等。這時，生理激發與情緒並行，若人能感知到自己的生理變化，才會意識到身體現在正出現特定的感覺波動，進而覺察心理也正在發生某種情緒，例如：興奮、喜悅、恐懼、害怕、困窘、緊張、期待等。

　　所有高等動物都會有情緒，像是狗會報復性的遺尿、無尾熊生氣時會大力拍打耳朵、大象會吸吮鼻子以自我安撫、黑猩猩被排擠時會抱頭痛哭等，這些都是帶有情緒表達的行為。如果你有養寵物，跟著他們一起生活，一定曾觀察到狗兒難過時低鳴、開心就奔跑的情緒行為。

只要是動物，都有能力感受與生存相關的情緒，最基本的就是「戰鬥或逃跑」的反應。基本情緒的出現是為了躲避立即的危險，必然有個促發事件才會產生情緒。然而，只有人類會在沒有出現促發事件的狀況之下，就感到冒名焦慮或恐懼。即使事過境遷，人已非處於事件當中，人也會因為擔心而煩憂、因為害怕而焦慮、因為恐懼而忐忑不安；此外，只有人類才會將情緒分為正面或負面。

通常，情緒被粗略區分為令人產生「好心情」的正面情緒以及使人出現「壞心情」的負面情緒，以二分法來將情緒切分為正面的或負面的。因此，當出現破壞愉悅心情的負面情緒時，身體不舒服的感受迫使人直覺想除去種種令人感到不悅的負面情緒，不允許自己悲痛、憤怒、焦慮、恐慌或忌妒等，試圖透過掩蓋負面情緒來讓自己永遠保持快樂美好。

其實，耗費力氣去對抗負面情緒、壓抑負面情緒、使之消失，都是徒勞無功的，這麼做只會帶來反效果，人生將了無樂趣。生命最弔詭的是，沒有低落，映照不出高昂。移除了負面情緒也無法體會正面情緒。意圖打壓負面情緒的浮現，正面情緒也將隨之消失。人會變得不帶任何情感的生活著，那些被禁止出現的負面情緒，終將扼殺所有的生活樂趣。

負面情緒的存在是為了讓我們能重視此時此刻，也提醒我們得先暫時停下來。通常與負面情緒纏繞在一起的那段生命經驗，往往能引出非常豐富的人生哲學觀，它可能是一

刻痛徹心扉的生離死別、亦可能是一項求之卻不可得之事物所引發的自卑與忌妒心結，亦或是一段愛恨交織的刻苦銘心經驗。當自我受挫，憂鬱、恐慌、憤恨與忌妒等情緒盤據心頭，這些「被歸類」為負面的情緒讓我們得以開啟自我防護。舉例來說，憂鬱與恐慌使人身體欲振乏力，這其實是提醒著我們眼前有危險，該停頓下來，靜觀其變，等待內在長出更豐富的力量；而憤恨與忌妒使我們體內怒火中燒，促使我們提高生產動能，催化體內的熱能轉換成為行動力。這麼說來，負面情緒讓人能更真實的體驗到自己正在經歷什麼，幫助人在面對危難困境時充備內在能量。若我們能善加利用負面情緒本身的闇黑力量，卽能過濾困境、穿越困境，體會困境所帶來的豐厚人生哲學觀，使人益發成長與茁壯。

情緒缺氧時，更該接觸情緒、理解情緒

身體、情緒與思考三者是互相關聯、沒有界線的。每個人應該都有過這樣的經驗，當身體不適時，心情是不是也很難愉悅起來呢？思考也會隨之集中在負面念頭中。就好比頭痛欲裂時，就難以保持樂觀積極的心情，思考也會集中在揣測引發頭痛的原因，有時想著想著，不斷反芻負面思考的腦袋就偏頗地頻頻產出災難化的想法。這就是因為生理上的頭痛促發心裡擔憂、思考也跟著悲觀。同樣的，當心情低落

沮喪時，腳步也變得沉重，彷彿身體遲緩許多，思緒也更為紛亂；換個角度來說，當思考集中在自我效能高的想法時，情緒也變得高昂與有自信，身體也似乎輕快許多呢！

身體、情緒與思考三者環環相扣，這三者形成一組互為因果的循環圈，牽一髮而動全身。所以，當你覺得自己卡住的時候，可以試著從身體、情緒與思考這三者中，先挑選一項作為轉化的起點，藉此開展一連串的改變。

當陷入負面情緒的泥沼時，該如何借力使力地運用負面情緒的能量呢？就是「接觸情緒、理解情緒」。此時，得先對自己喊個暫停，中場休息一下。休息不是為了走更遠的路，休息就是為了休息，不急著否認、也不刻意壓抑負面情緒，反而是給自己寬容的空間，允許自己再多一些些的時間、再多一點點的心裡餘裕，停留、感受以及自我省察情緒。

十秒的暫停能帶來理解情緒的動力

其實只要十秒！當你感到莫名憤怒、過於哀痛、精神異常激動時，可以試著在心中默默地、慢慢地，從一數到十。一、二、三、四……八、九、十。數數字時亦可搭配深呼吸或腹式呼吸法。試著做做看，你將會發現，只要十秒，就能將自己的負面情緒緩緩安放。藉由安放負面情緒來全心

全意地陪伴自己，之後，才能以更超然與平靜的心態去傾聽負面情緒的無聲話語。

無論是正面的或負面的情緒，都有其存在的必要性。情緒並無優劣之分，該省察的是促發情緒出現的內在原因以及情緒表達的適宜性。

嬰兒與生俱來的本能就是餓了就哭、開心就笑、生氣就吼叫，嬰幼兒以原始情緒做出反應是很自然的；但若年逾三十歲，得不到內心想要的就躺地哭鬧、生氣吼叫、好似全世界都辜負自己，那是不是有點怪怪的呢？不只未思考引發情緒的原因，且情緒表達的方式與強度也不適宜。雖然這都是出自於本能的情緒反應行為，但不同的是嬰幼兒感知情緒後便即刻以身體表達，哭鬧、吼叫、大笑、搖頭、跳躍等都是用身體來表達情緒，這是受杏仁核驅動的本能情緒行為反應。而人隨著年紀的增長、生命經驗的豐厚，在情緒表達上應多一段認知思考的過程，也就是在杏仁核被活化的同時，也要啟動大腦皮質的思考歷程。尤其是感受到令人不快的情緒時，更是應該開始思索「為什麼」。

為什麼我會生氣呢？是什麼令我憤怒呢？真正使我哀傷的是什麼呢？也就是從感受情緒到表達情緒的過程中，多一段對自己友善的停留時間以及自我省察的步驟，藉以促發大腦皮質運作，而非僅仰賴過度被激活的杏仁核做出單一的本能反應。

讀懂夢

然而，在情緒暴風席捲時，人雖然在理智上知道要了解情緒、要停留一段時間、要自我省察情緒出現的原因，但有時真的知易行難，難以在負面情緒來臨的那個片刻暫離、覺察與省思，使得負面情緒一再再捲起一陣陣風暴，惡劣心情激起更強烈的負面情緒與行為，令人在暴怒之後悔恨自責、在自我傷害後無助罪咎、在恐慌後苦悶乏力。無力終止負面情緒的循環，益發加劇疲累、苦痛與自我挫敗感。事過境遷而後悔莫及，好希望時光能倒流回到當時，按下暫停鍵、重新來過。

選擇「溫柔的主動擁抱情緒」或「無力的被情緒占有」？

　　所幸，身而為人，我們是有選擇的。昨日種種，能成為今日自我成長的地基。過去，已無法時光倒流、重新來過。但是現在的你，就能開始發展讓自己暫離負面情緒的方式。是「暫離」，而不是丟棄負面情緒，是在心中想像自己暫時離開引發負面情緒的風暴中心，藉由暫離換取大腦皮質運作的時間，安撫激動的杏仁核，再把負面情緒帶入心中體會、閱讀與消化，可千萬別就此離情緒遠去，也不可忽視、壓抑情緒。

　　雖然我們很不喜歡負面情緒帶來的感受感覺，但所有

的情緒，無論是正面的或是負面的情緒，都有其存在的必要。因為那些特定的情緒分別反映著某個時刻的真實自我。如果刻意漠視情緒，就是否認某個面向的自我。斷裂的自我將令生活變得虛假無味。

「溫柔的主動擁抱情緒」就是認可此時此刻的自己所有的真實情緒，坦承現在的我很憂鬱、很哀傷、很憤怒、很無力、很罪惡、很負面……等，並告訴自己擁有這些負面情緒真的無妨。因為這些都是我真實的感受，一個完整的人都會有的真實感受。允許自己擁有負面情緒，並學習合宜地表達情緒。

否認負面情緒並不會讓自己變得更好，只會加速自我的斷裂。「溫柔的主動擁抱情緒」就是讓負面情緒被看見、被認可的法則。當負面情緒能被人靠近覺察，才能因為被接住、被擁抱，而被安撫。所有的情緒都沒有對錯，唯一該改變的只有情緒表達的方式。透過心理暫離去溫柔地擁抱負面情緒，促使大腦皮質發揮功能，而不是僅被動地讓杏仁核去策動情緒化的本能反應。

當你願意主動去溫柔擁抱負面情緒，就立即中斷了負面情緒掀起的漩渦，而不會毫無招架能力地被負面情緒給淹沒。自然而然，便能平心靜氣地運用負面情緒的力量去迎向生活，就不會被負面情緒霸占、擺布。

要傾聽情緒，得先走到安靜的心靈角落

在吵雜的音樂聲中難以聽清楚對談的內容。同樣的，如果內心喋喋不休，又怎能聽清楚情緒在說什麼呢？

「暫離」就是種中斷，是用時間來換取自我覺察情緒的空間，好似你從浮躁的自我狀態返回到溫柔、寬容與好奇的自我狀態裡，再主動去接近自己的情緒，抱持著想要認識與理解的態度去探索情緒。透過暫離的時間，停留在這個感受裡，去感覺當下所有的感覺。當人願意溫柔的主動靠近與擁抱負面情緒，就不會被動的、無力地被負面情緒吞噬支配。

就好比我們都曾有過被誤會的經驗，急著解釋反而使語言成為溝通混亂的源頭。與其用語言拼命向外解釋，倒不如把這股力氣向內集結，往自己內心去探索情緒，在心中想像著自己帶著負面情緒暫離對話的場合。

曾有位來談者向我回饋這段透過暫離來探索負面情緒的歷程，他說道：「被誤會像是一股氣卡在喉嚨，讓我有口難言。在這股氣之下，於胃裡翻攪的，是無力、委屈、自責愚蠢、哀傷與憤怒。我感受到這些負面情緒原來是一團內在力量，在身體內燃燒，驅使我用盡全身力氣去說服他人，企圖證明自己才是對的。但是，一旦當我向內去探索後，我終於懂了，是我不接納自己不被理解，才會變得憤怒與難受。回過頭來看，最終，最該理解我的、最該相信我的，是我自

己才對。後來，我接納了那個被人誤會的內在自我，也練習將感受到的委屈情緒平緩地用口語說出，使內在鬱積的情緒能以適宜的方式流動。」

　　一旦願意去靠近與擁抱負面情緒，之後，將會發現這些負面情緒會出現，其實是源自於我們不接納自己表現得不夠理想。因為不接納自己非完美的，所以不容許自己出現負面情緒，便試圖擺脫、奮力掙扎地向他人解釋。接納不完美卻真實的自己，方能使自我的光亮面與陰暗面同時被覺察與被重視，才能擴大整體心靈，進而保持開放的態度去面對問題、迎向人生。

　　在上述來談者分享被誤會進而覺察情緒的例子中，說明了當身體知覺到外在的種種壓力而出現生理變化，像是一股氣卡在喉嚨、胃翻攪等，大腦認知系統再對生理變化做出判斷，定義各個部位的身體變化為某種特定情緒，像是無力、委屈、哀傷等，認知系統再對事件做出不合宜且過度可怕的災難化解釋，使得情緒如漩渦般蔓延。

　　不去理會自我情緒，情緒是會推倒人的，讓人捲入負面情緒的深海裡。學習情緒管理就是練習在每次心海生波的當下，心裡想像著暫時離開，主動溫柔擁抱負面情緒，傾聽負面情緒的吶喊，並找出負面情緒的力量以運用之。

讀懂夢
從夢境與香氛中傾聽自己　　... 48

乘著香氛暫離情緒風暴

　　情緒管理歷程是個循環，始於暫離、擁抱情緒、傾聽內在、凝聚力量並開啟行動。情緒管理的循環路徑相同，但每個人走這條路徑的方式不盡相同。每個人都有適合自己的情緒管理方式，你的是什麼呢？尤其是當負面情緒翻湧時，你內心暫離的策略是什麼呢？

　　暫離需要在心裡頭想像著暫時離開，雖然聽起來好像很抽象，但其實暫離也可以是透過做某件能轉移注意力的事情，讓惡劣心情因新事物的出現而暫時懸浮、不擴散蔓延，用以爭取平靜的心去覺察負面情緒。

　　惡劣的心情就像是個隱形的啞鈴，眼睛看不見卻隨身攜帶著，而這個啞鈴可以是沉重的鉛塊，壓著人往下沉；也可以是帶來心靈肌力的重訓工具，讓人成長茁壯，端視你用什麼樣的心情去舉起你心中的啞鈴。藉由轉移注意力來調適心情的有效活動包括散步、運動、正念、冥想與嗅吸香氛等。

　　曾有位來談者向我分享，在某次的諮商晤談中，我們談到當憂鬱襲擊她時，她內心彷彿住著一個無助的小女孩，她希望自己可以把心中那個無助的小女孩帶離這令人難受又窒息的感覺。而這段諮商中的對話，就像顆種子般植入她的心中，她記得「要帶著內心裡的無助小女孩離開」，這就是暫離的概念啊！後來，某次與家人爭吵，當下她感到空氣稀

薄、呼吸急促，彷彿快窒息，她衝動地想拿刀割傷害自己。揮刀的剎那，她感覺到內心住著的那位無助小女孩又出現了，小女孩彷彿就卡在她的胸口，在她的心裡面，拼命地向外拍打著她的身體求救。突然間，不知如何，來談者放下美工刀、嗅吸幾下穗花薰衣草精油，便立即穿上球鞋，繫緊鞋帶，目光炯炯的，頭也不回地往外奔跑，留下一頭霧水、滿臉詫異的家人。

在下次的諮商晤談中，來談者主動提起這段經驗帶給她的成長。她說她「阿甘式」的往外奔跑，就像電影《阿甘正傳》裡的男主角阿甘，那般執著且拼命地奔跑，此舉讓她暫離情緒風暴，將負面情緒的力量轉化為身體動能，借力使力地奔跑著。跑個兩公里後，她頓悟了！她突然串連起這年來我們一起在諮商室中所談論的那些覺察。她發覺自己重新認識了憂鬱情緒，憂鬱使她對自己生氣，甚至氣到想拿刀傷害自己；但是，憂鬱也可以促使她改變。憂鬱能是傷、也能是催化成熟的熱能。她模仿家人見到她放下美工刀、突然向外奔跑，家人驚訝到掉下巴的表情，我與她兩個人在諮商室中笑個不停、笑到流淚。

這位來談者乘著穗花薰衣草精油的香氛氣味，突然冒出用跑步的方式來暫離情緒風暴，說明了嗅吸香氛就是種暫離的策略，跑步亦是。薰衣草精油算是芳香療法中相當普遍的精油，尤以鎮定安撫情緒最為廣泛應用。而穗花薰衣草的

氣味與一般印象中的真正薰衣草的溫柔氣味不太相同。穗花薰衣草聞起來較為濃烈些，因為其化學分子中含有樟腦與1-8桉油醇，用鼻子嗅吸起來較為沁涼強烈，氣味令人產生氣力卻又不失溫柔。或許是這堅定又安撫的氣味，喚起來談者身體內溫柔又堅毅的力量，讓她有底氣長出行動力。

　　上面的例子說明了原本處在憂鬱、無力的情緒中，若身體一直待在原地，腦袋就只能不間斷地翻攪出自我挫敗的想法，牽動著負面情緒源源不絕的湧現。一旦藉由某個活動來暫離，就能較具體地把自己抽離，而不用在心裡頭想像著我得帶著負面情緒暫離。上述之透過轉移注意力來讓自己暫離情緒風暴的方式，包括散步、運動、嗅吸香氛、正念與冥想等，前三項（散步、運動、嗅吸香氛）是透過身體感官的接觸來讓自己暫離，較為具體；後兩項（正念、冥想）則是倚賴心理的運思能力，較為抽象。每個人選擇暫離的方式不同，鼓勵你都嘗試看看。評估自己究竟是適合具體的、身體感官式的呢？還是偏抽象的、心理運思式的呢？當然，也可以將所有的方式通通都收進你個人的暫離情緒因應策略中，視情況權衡使用之。

　　除了散步、運動、正念、冥想與嗅吸香氛之外，按摩、洗熱水澡、腹式呼吸、吹吹風、找人聊聊、喝杯溫熱的飲品、種植盆栽、吸貓、遛狗、睡覺、從事藝術創作、祈禱等，這些都是透過與身體感官有關的方式來讓自己有意識地

主動的暫離。而暫離不是逃離面對問題，而是一種終止自己陷入負面情緒漩渦的手段。身體、情緒與心理三者環環相扣，且身體感官式的暫離較為具體，從身體為起點，能帶動情緒與心理的轉化。以下，將從情緒與身體的關聯，聊聊嗅吸香氛轉化心情的運作機制。

觸覺、嗅覺是人與生俱來的求生本能

上述之暫離的策略中，包含著許多與身體感官刺激有關的方式，其中借助香氛氣味來嗅吸、按摩等是併用觸覺與嗅覺刺激，以此做為暫離情緒的開關是最為立即的。這也是本書推薦大家藉由解讀夢境理解自己、透過嗅聞香氛自我療癒的原因。因為人是透過感覺器官在感知世界、產生情緒，以感覺器官來暫離情緒也是最符合人體本質的方式。

人類仰賴感覺器官來感知環境變化。感覺器官共有五項，這五感分別為視覺、聽覺、嗅覺、味覺與觸覺，五感對應眼、耳、鼻、舌、皮膚等感覺受器。五感跟便利商店一樣，盡忠職守、全年無休。無論我們有沒有發覺到它的存在，它就一直都在那工作著。五感幾乎二十四小時、無時無刻地運作中。即使人在睡眠，感官對外界刺激的反應會減弱些，但不至於弱化到完全沒有感覺能力。人在睡眠時，五感「類」休息卻不停止，讓人得以從睡眠中快速甦醒，片刻之

讀懂夢

間就能回復到醒覺狀態，以做出適當反應。像是睡眠中皮膚會知覺到寒意而不自覺地拉被子取暖、耳朵彷彿聽到聲響而驚醒、鼻子好似聞到燒焦氣味而甦醒等，這些都是五感在睡眠狀態下類似休息卻不停止的證據。

　　大腦是人體的總司令官，大腦經由感覺器官與環境互動，當身體的五項感覺受器接收到外在環境的刺激後便產生信號，這些光波、聲波、壓力等信號經由感覺神經傳遞到大腦的「視丘」，視丘位於大腦結構的中心位置，在感覺器官與大腦之間擔任中繼站的角色。視丘把蒐集到的訊息加以掃描、分類等前置處理，之後，再往上送到大腦裡的各個「感覺區」，包括視覺區、聽覺區、味覺區與觸覺區，大腦整合判斷後再做出適當反應。比如說突然颳起一陣寒風，阿嬤的皮膚觸感覺受器傳遞「寒毛顫慄」的訊號到視丘，視丘再將訊號傳遞到大腦的觸覺區，大腦判定觸覺的神經衝動訊號是「冷」。於是，大腦做出反應決策，就是啟動嘴巴，叫孫子多加件外套。也因此，我們常會開玩笑說「有種冷是阿嬤覺得孫子會冷」，但實際狀況是阿嬤的皮膚感覺到冷，但孫子卻沒感覺到冷，要加外套的是阿嬤，而不是孫子啊！

　　上述所提到的五項感覺系統的傳遞路徑中，最為特別的是嗅覺。嗅覺是直接經由神經傳遞訊息到大腦，嗅覺不像其它的聽、味、視、觸等感覺得先經過視丘這個中繼站。換句話說，人只要一聞到氣味，大腦就會立刻接收到訊息，並

即刻做出反射反應。因此，嗅覺被認爲是人類最原始，也是傳遞最快速的感覺，嗅覺讓人先做出反應，接著才會被大腦意識到。舉例來說，當你聞到令人作嘔的惡臭氣味時，鼻子會立刻皺起，讓人先暫停呼吸，大腦才緊接著意識到這股氣味眞難聞。

觸覺是走向喜樂幸福的管道

人類的感覺系統在胎兒時期已悄然發育，胎兒並非在黑暗的子宮中悠游卻毫無知覺。當懷孕的媽媽輕撫著肚皮、溫柔地哼唱著歌曲、對著肚子裡的胎兒呢喃細語，有時肚中的小寶貝還會以胎動來回應媽媽呢！

胎兒是感受得到外界的刺激，其中觸覺系統是最早開始發育的，其後接續發展的是前庭覺、嗅覺、味覺、聽覺與視覺。透過超音波的影像技術，能見到胎兒在媽媽肚子裡時而打哈欠、時而踢踢腿，還會吸吮手指、用小手摸摸臉、把玩臍帶等有趣的畫面，可知人類的觸覺系統早在未出生前的胎兒時期已儼然成形。

皮膚是身體最主要的觸覺器官。發展學家發現，大約在母親懷孕的第八週起，胎兒的觸覺系統便開始從嘴唇部位發育；母親懷孕的第十二週時，胎兒的手掌及腳掌便會出現觸覺反應；直至十四週，觸覺神經已布滿胎兒全身；懷孕中後

期，胎兒的觸覺發展已然完成發育，胎兒此時能感知冷熱、壓力與疼痛。觸覺系統的成熟幫助胎兒在產兆來臨時，能感知子宮的強烈收縮壓力，配合收縮壓力而順利完成分娩。

也就是說，觸覺的成熟是為了生存，讓胎兒於媽媽肚中就能感知到溫度與疼痛，也使其出生後便能吞嚥乳汁以存續生命。觸覺是最早發育的感覺系統，新生兒仰賴觸覺來感知世界。零到一歲的新生兒處於口腔期，是透過嘴巴的觸覺來認識世界，也才會把拿到手的東西好奇地放在嘴裡咬一咬、嚐一嚐，而不是看一看、聞一聞就好。也因此，對新生兒來說，觸覺是認識世界、與他人連結的管道。當其不安哭鬧時，來自主要照顧者的肌膚接觸與擁抱就是最好的安撫，擁抱帶來的觸覺刺激使新生兒感到溫暖與安全。就算是年紀稍長的學齡前幼兒，在遇到危險或難過時，也是會尋求大人的「抱抱、呼呼、秀秀」。同樣的，當成年人處在不安、焦躁、憂慮等負面情緒裡頭，心理年齡會退回到更年幼的發展階段，以哭泣、怒吼、羞愧等原始情緒來反應內在的不適。

當你不安時，最希望被如何對待呢？是不是根本不需要他人的建議，也不需要更多的斥責呢？只希望有人可以與你同在。不須過多語言說教，只要輕撫著你、深擁著你、陪伴著你，讓你暫且安放破碎的心就好。

多筆研究證實透過引發觸覺刺激的活動能幫助人身心安頓，眼動身心重建法（EMDR，Eye Movement

Desensitization and Reprocessing）是一種運用在創傷後壓力症候群的心理治療方法，EMDR開創「蝴蝶擁抱法」（butterfly hug），即為應用觸覺刺激來進行自我安撫。在韓劇《雖然是精神病但沒關係》裡，男主角就是採用蝴蝶擁抱法來幫助激動焦躁的女主角漸漸平緩情緒。

蝴蝶擁抱法只需要半分鐘到數分鐘不等，在情緒激動時，將雙手手掌交叉，右手放左胸前、左手放右胸前，手掌需低於鎖骨之下，像蝴蝶振翅般，一邊有節奏的、輕緩地、溫柔地，左、右、左、右，輪流拍拍自己胸口，一邊慢慢地深呼吸，並告訴自己沒事的、我現在很安全、我可以的……等自我撫慰話語。

當負向情緒很強烈時，大腦會被情緒綁架，腦中僅會浮現負面想法，注意力侷限在負面的念頭裡打轉，身體也變得僵硬、無法感知環境。此時，身體、情緒與大腦三者各忙各的，彼此之間的連結斷裂、未串聯整合。透過觸覺的刺激，像是蝴蝶擁抱法、輕拍自己、與人相擁、嗅聞香氛或按摩身體等激發觸覺活動，就是重新連接大腦、身體與情緒三者。透過身體的碰觸，讓我們將注意力重新導向身體，經驗此時此刻的存在，去感受身體感覺，進而去思考每個念頭背後的動機，就不會深陷在焦慮著未來、恐懼著過去的泥沼中。

觸覺刺激勝過千言萬語。一個深擁、一陣輕撫、一個輕吻，都能傳遞溫柔陪伴的深意，不僅可以藉由擁抱來安撫

他人，亦可輕撫自己來陪伴自我暫離情緒風暴，達到自我療癒的效果。一段高品質的觸覺刺激能促使血清素與催產素的分泌，血清素又稱為「快樂賀爾蒙」，具有平靜情緒的作用，能讓人在焦慮或憂鬱狀態下回復平穩情緒；而催產素又稱為「愛的賀爾蒙」，能促使人產生信賴與關愛之情，讓人在被愛中產生相信感受。一陣帶有撫慰效果的深情觸覺刺激，能同時激發血清素與催產素分泌，兩者相輔相成，幫助人舒緩壓力，也降低負面情緒的生理波動。若能搭配香氛精油進行觸覺刺激，則能更積極地併用這兩種最原始的感官機制：觸覺與嗅覺，使撫慰情緒的效果事半功倍。

嗅覺是通往情緒安在的捷徑

　　觸覺與嗅覺是人體最早發展的兩大原始感覺系統。其中，嗅覺對人類的生存具有相當重要的功能，像是聞到腐敗氣味，人便會立即作嘔，抑制將食物吃下肚的計畫；聞到屍臭味就會渾身不舒服，令人逃離現場。因為嗅覺使人注意到氣味並直接做出反射動作，幫助我們感知危險。嗅覺也被視為是大腦最原始的情緒中心，嗅覺訊息會被送到掌管情緒的邊緣系統，這也是氣味能製造強烈且立即的情緒以及形成特定記憶的原因。

　　大約在母親懷孕第十五週時，肚子裡的小寶寶便已發

育完成嗅覺功能，只是胎兒在子宮內被羊水包覆著，沒有空氣，不需要呼吸，因此嗅覺功能在胎兒期還派不上用場。不過，這也證明了人類自出生前便超前部署完成嗅聞的能力，以準備出生後透過嗅覺來生存與學習。嗅覺的成熟使尚未滿月的新生兒能在視力模糊的狀態下，透過嗅聞來分辨誰帶有母乳的氣味？又是誰最常靠近與擁抱我呢？那位便是可依附的主要照顧者。

　　氣味是藉由位在鼻腔頂端的嗅覺上皮感知，嗅覺上皮中滿布著密密麻麻的嗅覺接受器細胞，在總面積約六平方公分的嗅覺上皮裡，約有五千萬個嗅覺接受器，以此接收空氣中些微的氣味分子。當人呼吸時，空氣中的氣味分子會先接觸到嗅覺上皮表層的黏膜，氣味分子必須先溶解於鼻腔的黏液中，才能通過此一黏膜，以接觸到嗅覺接受器來誘發神經衝動。一旦嗅覺接受器接收了氣味，便將氣味資訊沿著神經纖維傳送到嗅球。嗅球是大腦邊緣系統的一部分，邊緣系統掌管著人類的情緒、慾望與本能，這正是嗅覺能誘發強烈情緒的原因。氣味的神經衝動資訊抵達嗅球後，再傳送到大腦的嗅覺區，開啟大腦對此氣味的判讀。特別的是，如同上述所提及的，嗅覺是五種感覺系統中，唯一一個不需要經過視丘作為中繼站的感覺。換句話說，當鼻子聞到氣味，氣味分子的訊息會以最快速的神經衝動傳送到大腦的嗅覺區。

　　舉例來說，若在睡夢中發生火災，人雖然是同時聞到

煙燻味與皮膚感知到環境變炎熱。但是，因為嗅覺的傳遞並不需要經過視丘，嗅覺訊號可直接跳過視丘這個中繼站，嗅覺神經衝動的速度就會比皮膚的體感觸覺之傳遞速度更為快速。因此，在睡夢中，鼻子會先皺起，讓人屏住氣息以喚醒身體，之後大腦觸覺區才會意識到環境變得溫熱、視覺區也才意識到煙霧。大腦綜合訊息與整合判斷，解讀此時此刻人正身處火場中。嗅覺使人直接做出反射動作，讓人在意識低度運作的狀態裡，尚未完全清楚究竟發生什麼事情之前，就先做出反射行為，在偵測危險上扮演相當重要的功能。

相較於其他感覺，嗅覺具有兩項很特別的意義。其一，嗅覺不須經過視丘，可讓人先做出反射反應，隨後大腦才意識到；其二，嗅球屬於邊緣系統的一部分，距離掌管原始情緒的杏仁核與儲存長期記憶的海馬迴都相當靠近。嗅球傳遞氣味分子的路徑又稱為嗅徑，嗅徑與杏仁核僅隔兩個突觸，嗅徑與海馬迴也僅隔三個突觸，三者之間的距離非常接近。也就是說，氣味會快速誘發情緒，而我們對事情的記憶多半伴隨著氣味與情緒儲存著。在我們腦中存放許多記憶包裹，打開每個記憶包裹，裡頭都擺著氣味、情感與事件內容。

如此特別的運作機制根源自演化，保護人類在物競天擇的環境裡生存。像是我們第一次聞到腐敗的食物氣味，這氣味對人來說是全新的氣息，腐敗味嗅聞起來令人不舒服而反射性地皺起鼻子，若人不放棄地咬了一口酸臭食物，嚐起

來的滋味驅動人作噁嘔吐。此時，大腦的邊緣系統也同時啟動，開展一連串與此氣味相關聯的情緒連結記憶，例如：嫌惡、憎厭、難受、噁心、恐懼等情緒，並將此氣味與情緒共同編寫入長期記憶中打包儲存著。直到下次再嗅聞到類似氣味時，大腦會立刻回憶起相關連的記憶與情緒，使人意識到這股氣味是食物腐敗的酸臭味，讓人避免重蹈覆轍誤食不潔食品。

　　人類與其他動物的區別在於有意識參與決策歷程。但是，在面對危險處境時，認知判斷需要一段時間的運思歷程。面對攸關生死存亡之事，是無法靜待幾秒鐘的。人體在面對威脅時的保護機制就是立即啟動杏仁核，杏仁核不受意識控制，會立即驅動與本能相關的基本情緒，尤其是恐懼情緒。在具威脅的情境下，杏仁核驅動恐懼是爲了讓身體處於緊繃狀態，爲「戰鬥或逃跑」等行動策略暖身，保護我們躲避危險、趨吉避凶。

　　因此，在發展上，主管情緒的邊緣系統得先發育；而與意識、認知判斷有關的大腦皮質則較晚成熟。在視丘接收到感覺資訊後，會快速地將感知到的訊息前處理，與情緒有關的腦內傳遞路徑有兩種，其一，是立刻且快速，但是卻非常草率的路徑，就是經由杏仁核去做出無須意識參與的反應。因爲快速且草率，這條路徑極有可能會令人做出不合宜的舉措，尤其杏仁核與恐懼情緒息息相關，讓人在恐懼與害

怕情緒中做出非理性的行為；其二，是緩慢且耗費較多時間，但卻是較為貼近現實的路徑，就是經由大腦皮質，讓海馬迴有意識地參與解讀訊息的歷程，海馬迴會比對過往的經驗資訊，從中帶入認知思考，再做出最適宜此刻的判斷，而這條路徑因為多了認知思考歷程於其中，雖然較慢速卻較能減少誤判。

值得一提的是，這條經由大腦皮質參與的情緒思考路徑較晚成熟，神經學家認為人通常約二十五歲時，大腦皮質才能算發育成熟，且需要經過多加學習才能固化。也就是說，如果沒有從小開始學習情緒管理，我們可能有近二十五年的時間，都是由杏仁核來主宰情緒反應，是偏向以本能且原始的情緒反應行為來因應外在環境刺激。

有次，我與朋友一同去逛街，後來我們兩人分頭去繞繞，各自逛逛自己所需的物品。再碰頭時，朋友手中多了好幾瓶香水，但她從不使用香水的啊！她有點難為情地解釋，當她一腳踏入香水店時，令人愉悅的香氛氣息直撲而來，迷人又挺拔的帥氣店員親切地倚著她介紹各款香水。朋友說：「我的大腦皮質完全被香水的香氣、店員的帥氣給屏蔽住，帥哥店員說什麼都好，這幾瓶香水通通包起來！」

從這段有趣的經驗中，可以發現嗅覺激發杏仁核活化，讓她沉浸在興奮、高亢的情緒裡頭。她其實是有選擇的，但她選擇讓帶有認知判斷的大腦皮質先不要運作，不要

從海馬迴記憶庫中去比對過往經驗中的自己是從不使用香水的。在飄飄然的感覺中刷卡，帶了好幾瓶香水回家。

香氛、情緒、記憶與行為息息相關。我猜想，事後她看到那幾瓶香水，腦海中會浮現當時買香水的記憶與感受，海馬迴中儲存著心跳加速、呼吸變短的生理記憶，伴隨著香氛的感覺記憶，以及有點愉快卻又有些難為情的情緒記憶。這段記憶裡兼具生理感官感受與情緒，每回瞥見梳妝台前的香水，她的嘴角可能會忍不住失守、抽動一下，噗哧笑出聲吧！難怪她時常自我嘲諷，戲謔地說錢沒有不見，錢只是變成你想要的樣子啊！

香氛能安撫激動的杏仁核，為大腦皮質爭取因應時間

呼吸，是人類不需要刻意學習、天生就會的本能。人可以不進食兩三天而依然活著；但是，人要是沒了呼吸，生命即刻垂危。大腦只要缺氧四到六分鐘，腦細胞就開始受損，腦部損傷是不可逆的，最終會因為腦部所儲存的氧氣不足而腦死。

呼吸不只攸關生死，也與心理健康有關。呼吸急促的人通常心跳較快，較容易覺得疲累，不容易定心，情緒敏感，心理也隨之焦慮恐慌；相對的，呼吸平穩的人，自律神

讀懂夢
從夢境與香氛中傾聽自己 　...62

經較協調，情緒也較為安定，有益心理健康。

當我們感受到壓力，心情煩悶、無力或慌亂時，呼吸就容易變得短淺急促，彷彿胸口有顆大石壓著，胸悶沉重。調節呼吸就能從生理機能面著手舒緩情緒、穩定心情。當呼吸變得平緩，交感神經就不再過度活躍，心跳加快、喘不過氣等生理反應會漸趨平靜，情緒也隨之平和。在心理諮商的過程中，心理師有時也會在晤談中帶著來談者一起學習「好好呼吸」，好好呼吸就是腹式呼吸法。全神貫注在呼吸這一件事情上，放下手邊一切事務，專注靜心地將所有的注意力集中在吸氣與吐氣之上，讓身體全然體會空氣由鼻腔緩緩的、深深的充滿整個肺部，再由肺部慢慢的、輕輕的完全吐出的歷程。

「好好呼吸」能將氣進出身體的時間延長得更深久，使呼吸的循環更趨向完整。所以，一次好好呼吸的時間是緩慢的、氣是深入的，目的就是讓氣能溫緩深長地停留在身體內，之後，再悠長地慢慢呼出。也可以試著在吸氣、吐氣時，想像你正在用腹部吹氣球，腹部好似有顆氣球正在體內按摩著五臟六腑，也就是使用橫膈膜的力量去上下推擠肺部的空氣。

「好好呼吸」在任何時刻、任何場合都適用，只要感覺到心跳加快、呼吸短促時，隨時隨地都可應用；應用次數也不限，可反覆進行，直到感覺身體已平靜為止。不過，要

留心坐姿，如果脊柱彎曲，呼吸管道也會跟著彎折，而影響到氣的吐納。因此，無論是坐著也好、躺著也好，都必須使脊柱維持直線的狀態，讓呼吸管道能均勻順暢，才能氣定而神閒。

　　若能在「好好呼吸」時搭配嗅聞香氛，效果會更為加倍。之前提過，情緒的傳遞途徑共有兩條路徑，一條是來自杏仁核的原始情緒反應，立刻、快速卻草率，易誤判；一條是來自大腦皮質與海馬迴共同合作，從長期記憶資料庫裡搜尋過去曾有的相關經驗，思考之後再做出反應，這條路徑較貼近現實卻較為耗時緩慢。特別的是，杏仁核、海馬迴與嗅球都屬於邊緣系統。原來，在人類的大腦中，情緒、記憶與氣味是共同運作的。因此，當人感到壓力或煩悶時，若搭配香氛於「好好呼吸」的過程中使用，可藉由香氛精油的化學特性以及嗅覺對邊緣系統的影響，更快速平緩生理、穩定情緒，也能安撫過於激動的杏仁核，替理智的大腦皮質爭取決策時間。

用香氛輕撫身體結合觸嗅覺，重新連接大腦、身體與情緒

　　嗅覺是感覺系統中唯一能同時喚起回憶與情緒的感官。嗅球、杏仁核、海馬迴都屬於大腦的邊緣系統，邊緣系

讀懂夢

統負責掌管人類的情緒、慾望、本能與記憶。也就是說，人只要一聞到某個氣味，整個邊緣系統都會啟動，對氣味的記憶多半是參雜著情緒，也帶著本能與慾望。香氛帶來嗅覺的神經衝動，刺激大腦的邊緣系統運作。尤其是在面對令人感到恐懼或焦慮的威脅情境時，杏仁核會快速啟動，依著原始本能來讓人變得更警覺，較容易因誤判情勢而做出不適當的反應。

若能搭配嗅吸香氛精油來好好呼吸，就是一種暫離的方式。香氛能安撫過於激動的杏仁核，為大腦皮質爭取因應時間，讓大腦皮質能從海馬迴的資料庫裡進行比對，核對現在處境與過去經驗的相似性、相異性，讓人多些想一想、再思考的時間，才能讓理性的、貼近現實的反應產出，而不是僅由杏仁核驅動而做出立即的本能情緒化反應。

此外，觸覺刺激能促發血清素與催產素的分泌，使人產生安定、自我悅納與信賴感受。因此，在負面情緒影響的當下，使用香氛精油來好好呼吸，或是運用香氛精油來按摩身體，能結合觸覺與嗅覺，用最溫柔也最符合人類本能的方式幫助自己覺察情緒、自我悅納。

以香氛做為暫離手段是為了安撫杏仁核，提升對情緒的覺察，擴充情緒的因應策略，而這些都需要刻意練習。因為，如果不刻意花費心思練習的話，人就只能依循著本能的路徑做出反應。但是，這個反應可能是粗糙的、過時的與無

效的策略。

　　學習藉由香氛暫離負面情緒風暴，能讓杏仁核被安撫、讓大腦皮質得以被活化。或許下次，當你感覺理智線快要斷時，趕緊拿瓶喜歡的香氛精油，閉上眼睛，嗅聞香氛的氣味，從一數到十，好好呼吸，或是用蝴蝶擁抱法輕輕安撫自己。讓我們一起學習循著香氛撫慰受創的自己，讓香氛推動自己與內心的自我相遇。

循著香氛讓自己與內心相遇

　　何以香氛能有效安撫過於激動的杏仁核呢？首先，我們先來談香氛精油是什麼，就能理解香氛對情緒的安撫作用。本書所指稱的香氛就是芳香療法（aromatherapy）中所使用的香氛精油。香氛精油是透過萃取植物的根、莖、葉、花、果實、種籽、木質或樹脂等部位，以提取出「可揮發有機化合物」，此可揮發有機化合物是由許多化學結構所組成。在安全劑量下，使香氛精油進入人體，可發揮其植物特性，以達舒緩身心平衡之目的。英國芳香療法學院認為：「將香氛精油以按摩、嗅吸、濕敷及泡浴等方式應用於人體，是種天然的療癒方法。」雖然，香氛對於人體的保健與療效已有相當厚實的研究佐證，但本書僅談香氛對心理健康與情緒調適的作用。

香氛精油是萃取自天然植物的不同部位所提取出的可揮發有機化合物，其中「可揮發」是指香氛的氣味會隨著時間而漸漸地在空氣中揮發消散，因每種香氛化學分子的特性不同，有些氣味較輕盈，僅能延續數十分鐘；有些香氛氣味則較沉穩，可持續數小時至一天才消散。而「有機化合物」則說明了香氛是由兩種以上的含碳化合物所組成，其結構複雜，組成分子極為細小。

　　究竟香氛分子有多細小呢？對照我們熟知的PM2.5，就是漂浮在空氣中類似灰塵的粒狀物，若此懸浮微粒的粒子（particulate matter, PM）小於或等於2.5微米（μm），常被稱為PM2.5，其直徑不到人體髮絲的1/28，體積也小於人體的紅血球。我們熟知PM2.5的懸浮微粒不僅能藉由呼吸道進入肺部，還會透過肺泡進入血液影響全身，危害人體健康，不可不慎。而香氛精油的分子比PM2.5懸浮微粒還要細小，分子量在250 Dalton以下。一般來說，分子量在500 Dalton以下的分子就很容易通過皮膚的角質層間隙，像是小分子的玻尿酸，就具有良好的滲透性，能穿透皮膚的表皮層。以此對照相比，就可知香氛分子比PM2.5懸浮微粒以及玻尿酸都還要細小許多，香氛分子能隨著呼吸進入體內、也會隨著按摩穿透皮膚，部分香氛分子亦可通過血腦屏障進入腦部組織，也會經由淋巴與細胞間質流動到身體各個部位。也就是說，香氛能對生理與心理皆產生美好的療癒效果。

因此，無論是將香氛精油塗抹於皮膚或是從鼻腔嗅吸，其化學分子的傳遞途徑有三。其一，藉由刺激鼻腔頂端的嗅覺上皮，使神經末梢產生神經衝動，直達嗅覺區與掌管情緒的邊緣系統；其二，香氛經由呼吸道吸收香氛的氣味分子，透過肺泡與微血管而傳遞至全身。其三，香氛經由皮膚滲透至血液，再透過血液與淋巴循環到各器官。

　　也就是說，香氛能療癒身體、改變心情與促發記憶。所以，在負面情緒來襲時，嗅聞香氛是最能立即安撫過於活躍的杏仁核，使大腦產生放鬆感，也為身體帶來提振感。因此，正處於情緒困擾當下時，可透過嗅聞香氛的方式來緩解躁動情緒、洗滌內在心靈；若是長期性的情緒壓力問題，則可透過香氛按摩、泡澡等的方式來調理身心。

　　香氛是來自於大自然的植物所萃取出，每種植物所需要的生活環境迥異，有些適合高海拔、有些適合低地；有些適合潮濕土壤、有些則生長在乾燥環境。因每種植物所需的生長環境、氣候與栽種方式不同，特性就有所不同，萃取精油的方法亦不同，使得萃取出的香氛各有其獨特性。舉例來說，像是柑橘類的香氛就不需高溫精煉，只適合用壓榨法萃取，萃得的香氛價格就較為平價，但容易氧化，須注意保存條件；相對於柑橘類，花朵類的香氛，則仰賴溫度與壓力才能萃取出植物的精華，得耗費更多成本，香氛價格就較為昂貴些。像是玫瑰香氛，五千公斤的玫瑰花瓣才能萃取出一公

斤的玫瑰香氛，難怪玫瑰香氛常被戲稱比黃金還珍貴，每滴玫瑰香氛可都是很嬌貴奢華的呢！說個有趣的事情，在我還沒學習芳香療法之前，是很隨興地使用香氛，以爲只要聞起來香香的就可以了。後來深入了解之後，才豁然驚覺我以前聞習慣的玫瑰香氛其實是玫瑰天竺葵，兩者氣味雖有某種程度的相近，卻是截然不同的植物，分別具有屬於自己特性的有機化合物分子，當然，促發的療癒效果也會不同。而信譽良好的商家會將這兩者的區別反應在價格的落差上，或許氣味之外，價格也是個判斷標準啊！

剛剛談的是不同植物會有不同的特性，也帶有其獨特有機化學分子，能帶來療效也不同，像是嗅聞甜橙香氛能帶來愉悅情緒；嗅聞玫瑰香氛能讓愛流動。這比較好理解，畢竟是不同的植物，具有作用不同的療癒效果。但是，卽使是同科、同屬、同種的植物，其所萃取獲得的香氛也有可能不盡相同。以大馬士革玫瑰來說，萃取自土耳其產區或保加利亞產區的大馬士革玫瑰，雖然都是玫瑰，氣味的同質性很高，但嗅聞起來其實還是有些細緻的差別。我個人覺得土耳其玫瑰聞起來較爲沉穩、柔中帶堅毅；保加利亞玫瑰則略爲輕盈、柔中帶俏麗。這是因爲玫瑰香氛中就具有三百種以上的複雜化學分子，這些化學分子是無法完全一模一樣地被複製，所以每批香氛精油都有屬於自己獨特且複雜的個性，以及專屬的有機化學分子比例。也因此，使用香氛是件很好玩

的事情，尋找適合自己個性的香氛氣味，就是一段發現自己的旅程。但在這段香氛探索自我之旅中，請務必要進行過敏測試。

過敏測試就是取一滴調和過的香氛精油塗抹於手腕內側或耳後，約數分鐘後，觀察是否產生刺激不適或紅腫熱痛發癢。如有上述反應，即可能是對該香氛產生過敏反應。此時，先將基底油（如：橄欖油、荷荷芭油等）塗在測試的皮膚區塊，用以測試是否也會對該基底油過敏。若未對該基底油過敏，則可使用該基底油乳化精油，再用溫和肥皂與涼水沖洗，直到發紅與刺癢感覺退去。如果過敏現象持續，就請盡速就醫。

香氛用於精神層面的劑量以量少為宜

最令你感到放鬆的氣味是什麼呢？最能勾起你回憶的氣味又是什麼呢？有人喜歡吸貓、有人喜歡烘焙蛋糕的香氣、有人喜歡深山的氣味、有人喜歡海風的味道。氣味是個記憶點，能勾起過去某段印象深刻的回憶。有些飯店會刻意在各個空間擺放香氛機擴香，或使用特定氣味品牌的沐浴用品，以專屬的香氛營造令住客心曠神怡的感受，以香氛氣味作為無形的品牌標籤，讓住客在這家飯店的淡雅清香中記得放鬆、自在與歡愉的感受，以嗅覺氣味強化記憶點。當下回

還想渡假時，腦中就自然而然地浮現某家飯店的名字。像是全球連鎖的Ritz-Carlton飯店，會根據旗下飯店所在地的特色風格，選用不同的花香，營造獨特的氛圍與獨家記憶點。像是下榻於日本的分店，使用當地種植的日本抹茶與檸檬、豆蔻、蘋果酒木和茉莉花為飯店的香氛；在美國華盛頓分店，則調製代表城市特色的櫻花香；在中國上海浦東分店，選用玫瑰作為飯店香氛。以香氛作為品牌標籤，成為鞏固忠實客戶的圈粉利器。

嗅吸香氛是最能應對情緒，因為嗅神經傳導至邊緣系統、自主神經系統與內分泌系統，能刺激海馬迴與杏仁核，對人的學習、記憶與情緒等產生直接作用，可釋放壓力、緩解焦慮與舒緩呼吸道不適。

將香氛運用於精神層面的劑量以量少為宜，劑量過多反而會造成反效果，使用上得特別注意。因為高劑量的香氛會導致神經過度亢奮，安全的低劑量才能帶來恰如其分的安撫效果。例如：低濃度的真正薰衣草可助眠，但睡前使用濃度太高的真正薰衣草反而會過度刺激神經，使精神更加亢奮。將香氛運用於精神層面的濃度劑量不可不慎。一般來說，若要塗抹於肌膚，建議健康成年人使用濃度為2.5%以下；若要用於臉部肌膚則要更低，濃度約0.5~2%。以濃度2.5%為例子，換算下來是10毫升的基底油加入5滴香氛。基底油可以是蘆薈膠、乳液或植物油，使用香氛務必要稀釋才

行。若要用於泡澡，也不是直接加入水中。將香氛直接加入水中並不會使香氛分子擴散，得先用上述之基底油乳化後再加入泡澡水裡，如此才能延展香氛的化學分子。

即使非處於負面情緒裡，香氛的氣息也能讓人產生放鬆、愉悅與提振感受，嗅吸香氛適合各種時刻使用。然而，香氛精油的種類繁多，且每個人對香氛的喜好迥異。氣味帶來的感受是很主觀的，舉例來說，草莓香氣甜美宜人，我有個朋友就對草莓很反感，只要聞到草莓氣味就直搖頭，因爲家裡以栽種草莓爲業，草莓氣味讓他聯想起童年，家裡總是飄盪著製作草莓果醬的甜味，草莓盛產季節更是惡夢，家中堆滿賣相不佳、有些受損的草莓，他總是吃不完。他聞草莓味聞到想吐、看到草莓就翻白眼。哇！竟然有人不愛草莓耶！

像是芸香科柑橘屬的香氛，如：甜橙、葡萄柚、檸檬等，能帶來清新與活力的療癒效果，但某些台灣人就很不喜歡柑橘氣味，因爲柑橘盛產於農曆年節前後，過年時也常擺放一盤柑橘代表著吉祥如意。柑橘氣味可能令某些人聯想起農曆年節的親友聚會，被親友「假關懷、真比較」的不悅情緒與柑橘氣味相結合。若有此氣味記憶，嗅聞柑橘類香氛當然就不會引發淨化情緒、帶來活力的療癒感受。因此，尋找屬於自己專屬的放鬆香氛氣味，也是一趟找尋自我、了解自我的旅程。

讀懂夢

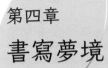

第四章
書寫夢境

　　人終其一生，花了很多的時間在睡覺，尤其在嬰幼兒時期睡眠時間最長。為什麼我們要耗費這麼多時間在睡覺呢？因為睡眠時，身體會釋放重要激素，讓生理成熟生長、修補受損細胞，重新整理腦袋裡的想法，重置感知與調節情緒。人閉起眼睛休息睡覺時，身體與心理都在修復中。當你身體感到疲累不堪、心裡焦躁不安時，或許可以試試看，洗個暖呼呼的熱水澡，讓自己好好地睡個覺。你將會發現，在經歷一整夜的高品質睡眠後，隔天醒來反而有種神清氣爽的感覺，身體疲倦感消失，前日的焦慮不安也減輕不少，僅殘留些許淡淡淺淺的惱人感受而已。

　　正因為如此，如果每晚至少能睡上八小時，只要睡眠品質夠佳，其實就能完成幾個健康的睡眠循環，身體就可以獲得修復，心理也能被療癒。所以我常戲稱，沒有什麼困擾是睡一覺解決不了的；如果還困擾，那就再睡一覺吧！

　　心理學家羅薩琳卡里特（Rosalind Cartwright）以問題解決的觀點來看待夢境，她認為「夢是為了幫助人解決日

常生活問題與情緒癥結」，因爲夢不受邏輯、也不受現實世界所圍限。睡眠中的大腦能天馬行空想像，讓人獲得靈感，促發更高層次的創意思維，從而解決日常生活中的困境以及苦思許久卻懸而未解的謎題。

最爲人所熟知的例子就是苯環結構（benzene ring）的發明，德國化學家凱庫勒（August Kekule Von Stradonitz）對某一種物質的結構式毫無頭緒而煩惱不已。在1865年的夏夜，凱庫勒在書房打起盹。他夢見了蛇，這條蛇的頭咬住自己的蛇尾，頭尾相接，形成類似六角的形狀，並在空中旋轉不停。凱庫勒醒來後頓悟，夢中的蛇像極了苯，原來苯的結構是環狀的啊！據說苯環結構就是在夢境中得到啟發的。

大腦在睡眠中進行資訊的整合，不受現實與邏輯的框架，才能將資訊重新組合激盪，睡眠是孕育靈感的最佳時刻。但是，這並不是意味著想要解決問題就只要睡覺做夢就好，好似夢裡什麼都有呢！不是這樣的，而是腦中得先存有基礎資訊與先備知識，才能讓大腦在睡眠時不因循舊有的框架，隨意重新組合早已固有的資訊與知識，如此一來，才能激盪出不一樣的想法。或許，夢裡眞的什麼都有；睡覺也眞能解決問題，但最重要的前提是，我們得像化學家凱庫勒一樣，在長期記憶庫裡累積一定程度的資訊量才行啊！

睡眠中產生夢境的奇妙經驗，讓人醒來後想一探究

讀懂夢
從夢境與香氛中傾聽自己　... 74

竟，好奇現實生活與夢境的關聯。自我解讀夢境需要兼具理性與感性，就像是凱庫勒夢見了蛇，如果他睡醒後揚棄夢境內容，夢好似雪泥鴻爪，遺留痕跡卻不具有任何啟發性的意義。但是，凱庫勒靈機一動，串聯了蛇與苯元素的關聯，彰顯夢存在的意義。自我解讀夢境就類似如此，做夢者帶著舊有的知識與經驗，走入未曾到過的幽靜處，找到問題的根源或遺失的自我，理解夢境如何反應現實生活中所忽略的面向。所以說，解讀夢並非是遵循科學法則，解讀夢是門藝術，這門藝術卻能回應理性面所思考不到的盲點。

解夢是藝術，保持彈性開放，卻又不失理性

　　想像潛意識就像是坐落在幽靜森林裡的小屋子，夢是通過此幽靜森林的路徑，讓人有機會進入幽靜森林裡，步步靠近潛意識小屋。而在這座潛意識小屋中，堆放著做夢者從小到大，來自各個時期的自己所打包的糾結情緒包裹，這些情結包裹裡埋藏著本能慾望、衝動與失落。但是，每次做夢的時間有限，潛意識小屋裡的包裹又多又繁雜，夢只能藉由做夢者日常生活中曾經出現過的人、事、物為素材，以此作為象徵與隱喻。在睡夢中，做夢者僅能驚鴻一瞥，在浮光掠影間從虛幻的象徵意象裡擷取片段，難以深入省察。

　　這就是採用直接對應式的解夢辭典來套用專屬於你個

人私有的夢，有時眞的難以精確對應得準的原因。因爲，每個人與生俱來的個性特質不同，原生家庭、教育背景、手足互動、社會經驗、人際關係皆不同，這些差異性會呈現在每個人於造夢時選擇使用在夢境中擺放的素材大不相同，夢中出現的素材深具個人意義。如果直線套用「夢見這個等於反映那個」的固定觀點，雖然可能稍微具參考價值。但老實說，帶來的趣味性可能遠遠高於對自我覺察的助益性。除非，解夢書中的制式標準解析讓你產生被讀懂、心有戚戚焉的共鳴感。否則，直接套用解析極可能是失眞的，也不具個人意義的。

舉例來說，夢見排泄物在周公解夢中被視爲與錢財、財富有關的象徵。但是，從心理學的角度來解釋的話，可能會有幾種可能性。其一，因爲生理機能驅使，暗示做夢者該清醒去上個廁所，以緩解高張的排泄需求；其二，亦有可能是藉由夢見排泄物來隱喻做夢者遇到麻煩事，被負面事情所干擾糾纏。其中比較特別的是夢見自己在衆人面前如廁，此種困窘羞愧的感覺意味著做夢者內心非常恐懼做錯事；其三，排泄是幼童第一個被教導控制身體的經驗，代表著在規範中創造與成長，這意味著做夢者正在邁向成熟與獨立。

但是，也曾有位來談者提到她夢見幫孩子清理排泄物，夢醒後她感到愉快，欣喜自己是有能力的母親。因爲當個稱職的母親是她心中認定至爲重視的事情，夢見清理孩子

的排泄物讓她感到內在被賦能、被肯定。所以，對她來說，夢見排泄物並非是周公解夢中所言的與財富有關，也不是該清醒去上廁所，更不是被負面事情所糾纏，而是自我肯定母職角色，是不是很不一樣呢！

所以，夢中出現的每件事、每項物品代表著做夢者個人化的象徵隱喻，都需要將之置於做夢者的個人視框來解讀，做夢者過往的生命經驗、情緒感受等都是解讀夢境時所必要考慮的條件。當然，你也可以翻閱參考解夢辭典，但更為重要的是，你才是你自己夢境的導演與編劇，最該從自己的成長經驗中去探索夢的意義。

自我解讀夢其實就是練習鬆動僵固的意識自我

要從自己的成長經驗中去探索夢的意義，這使得自我解讀夢境富饒樂趣，做夢者得像個偵探，沿著夢裡的蛛絲馬跡，向自我內在追查那些做夢者現在應該要知道卻被壓抑忽略的事情。

因為清晰了隱藏的自我面，也就還原了完整的自己。

自我解讀夢境就是完成自我整合的歷程，因為擴大了對自我的認識、對心靈現象的了解，對未來的人生就會更有自信與方向。說穿了，解讀夢境其實沒有多玄妙，僅不過就是透過夢境鬆動意識自我，讓內心深處的需求被看見、更深

層的焦慮被聽懂。僵固的意識自我被鬆動了，才能容納更寬廣的心靈。

夢的盡頭，是完整的自我

其實，並非是夢在人睡眠時找上了做夢者，而是做夢者讓夢尋找到自己。

一般都以為夢境內容是隨意出現，做夢者只能被動觀看夢的演出。其實，正好相反，是做夢者主動運用隱喻、暗示等方式編排了夢。所以，夢中種種怪奇的物品、劇情、不合邏輯的對白與互動表現，隱含著由潛意識推動的夢正在對做夢者暗示，這些具深意的暗示線索提醒著做夢者可以再多認識些真實的自我狀態。

佛洛依德認為所有的夢都不會是空穴來風，無論是可直觀發現心理意義的夢，還是需要剝去重重改裝才能探出真義的夢。顯義的夢、隱義的夢都是有意義的夢。在夢的世界裡，寬廣無垠且無規範限制，亦不受他人眼光、社會道德與法律規章所批判箝制。至少在夢中，心靈可以自由翱翔，可補償白天生活所無法滿足的慾望或釋放潛抑的焦慮，讓人可以在日夜星辰的交替間平衡流動。為了展演夢，夢借用了白天日常活動的素材作為場景道具。夢中的場景可能是近期內的幾天，也可能是童年時期的遭遇。正因為如此，夢中有時

讀懂夢

會出現跳躍的時空場景與詭譎的物件，這些看似荒謬的劇情、鬆散的串聯，其實非常貼近心靈運作的方式，做夢者隨意抓取日常生活中的片段去自由演繹夢境。所以要自我解析夢境，就得詳細記錄夢境，才能撥開潛意識編排夢境時的重重改裝，才能在夢的盡頭找到完整的自我。

記錄夢境的方法

夢中的意義時常是晦澀難明，可能與當時的處境相關，也可能會浮現過去某段生命困頓的時刻。為了探尋夢的潛在意義，需要紀錄睡前的生活脈絡，入睡後若出現夢境，才能將夢境與當前的生活脈絡加以對比串聯。

因此，在進入自我解讀夢境之前，請先在床邊準備好紙筆。醒來時可別急著去盥洗，先待在床上，盡可能地回想夢境。可畫下夢中的場景，亦可使用文字描述夢境。有時，你的夢可能會在上個廁所之後就消失無痕。因此，我通常會建議自我解讀夢境者可透過以下幾點紀錄夢。

一、夢的速記

首先，快速地以幾個關鍵字寫下夢境的梗概元素。之後，再將夢的故事情節像是紀錄流水帳般補綴記錄下來，包括夢中出現的人物、對話、互動、物件、地點場景等，盡可

能鉅細靡遺地寫下。在這個步驟中，務必要克制自己不要去解析夢境。一旦開始解析，夢境的回溯就易受干擾而扭曲失真。速記夢境時，也千萬不要在意夢境的合理性，而刻意去編輯或改寫夢境，更不要試圖創作出合乎邏輯、具順暢時序的夢境故事。過多的編纂與合乎邏輯的編排，將遺失夢境點到為止的玄妙。切記，夢的速記並不是創作文，就是流水帳般的記敘文，只需要如實地將夢境轉錄為文字而已。

二、標記夢裡出現的感覺、情緒與想法

完成上述之夢的速記後，可用不同顏色的筆來補充說明某個特定夢境段落裡，夢中的你所出現的生理反應、心裡情緒以及腦中的認知想法。夢中出現的感受感覺與想法，可能迥異於真實生活中的你。因為夢不受現實框架束縛，夢中的你可能很本能、很原始、很不一樣。夢中的你極有可能出現與真實生活中的你截然不同的情緒反應行為。舉例來說，夢見自己在做犯法的事，夢中卻感到莫名欣喜與痛快，認為自己做得對極了，但真實生活的你是不可能逾越法律。所以，在這個步驟裡，只需詳實記錄夢境中的你是如何感受感覺即可，請把現實中合乎情理的感受想法放掉。

三、回到現在的你，感覺如何

完成上述步驟後，將自己從夢中角色心理位移至現在

的、真實的你，去覺察夢醒後的感覺是什麼？夢之所以令人感到奧祕之處在於我們對夢境內容的記憶消失得很快，但是，夢所帶來的感覺卻可能會延續一整天，甚至影響心情好一陣子。那是因為潛意識藉由夢境象徵內在壓抑的衝動與慾望，夢所揭露的內容有時是人所未覺察與未知的。面對未知，難免會困惑不解，亦可能會感到衝擊，甚至會因夢境的詭譎劇情而惴惴不安。探索夢醒後你的感覺是什麼，能對比夢境與現實的差異。理解夢醒後的情緒是引領人走進內心幽微處的青鳥。

四、日常生活回想

完成上述三個步驟後，就可以去盥洗一番，也可以躺回床上繼續睡個回籠覺，待有空閒時再回想做夢當日發生什麼事情？最近在思考些什麼？這陣子印象最深刻的事件是什麼？睡前又在想些什麼呢？雖然，日常生活回想可以留待有空閒時再補充，但可別拖延太久導致遺忘。做夢者會綜合近期發生的事件以及童年時期的資料等，凝合多項有意義事件複合成一晚的夢境。佛洛依德認為夢境來源取材自做夢者的白天經驗，因此，做夢的當日發生什麼事情是很有意義的探索方向。日有所見的事物可能會被挑選進入夜晚的夢境中，藉以隱喻某些內在焦慮。因此，日常生活的回想能協助做夢者聯想夢裡象徵物的意涵。

五、篩選夢境是否具分析價值

　　這個步驟主要是判斷夢是否具分析價值。釐清這個夢是反映當下的生理驅動？白天的日有所見？還是過去以來的心理壓力？

　　「當下的生理驅動」指的是睡眠中受感官刺激，像是尿急、睡眠環境過熱而冒汗、貓輕輕踏過做夢者身體而感覺痛等生理因素，身體為了防止頻繁的感官刺激終止睡眠，則以做夢的形式轉化生理所感受到的刺激，例如因為尿急就夢見自己正在找廁所，這就是當下的生理驅動所引發的夢。若是此類，就不具分析的意義。

　　其次，「白天的日有所見」意味著生活中思量許久的事情因受限於現實生活的框架，而找尋不著解答，藉由夢中天馬行空的想像而激發出新的創意想法，像是之前所提過的化學家凱庫勒受夢境啟發而發現苯環結構。若是此類，是從腦中已有的資料激盪衍生出想法，亦不具分析的價值，較偏向從夢裡得到問題的新觀點。

　　最後，「受過去心理壓力所驅動」的夢境才具有分析價值，這指的是近日發生的生活事件，觸發做夢者內在某個長久以來尚未梳理的心理議題浮現，隱微推動做夢者潛意識浮現與之相關聯的過去事件，透過夢這扇窗，讓做夢者窺見生活中有意無意忽略的面向，讀懂夢境後就能更加清晰自己與此未解議題的關係。以考試夢為例，我們從小到大都反覆

經歷大大小小的考試，很少人一想到考試就熱血沸騰、熱衷於參加考試吧？考試代表著被評價、被檢視自我不足之處，有些人的童年甚至還會因爲考不好而被懲罰。即使已脫離學生身分不再需要參加任何考試，多數人仍然曾有考試夢的經驗，備感不解爲何自己偶爾還會夢見考試呢？這個因爲白天生活中，每當自己感覺到做錯了、未盡職責或是計畫做件需負責但又有點冒險之事時，我們內在被評價的焦慮以及擔憂表現不佳的恐懼被喚起，潛意識便從過去的生活經驗裡挑選素材。而在潛意識的素材資料庫中，最能明白象徵被評價焦慮的元素就是考試，考試夢於焉產生。

六、夢境的標題

如果你的夢像是一篇故事，你會爲這篇故事訂下何種標題呢？這個步驟就像是爲一篇文章訂定標題，替你的夢境訂立一個言簡意賅的主題。以來談者曾與我分享過的夢主題爲例，夢標題包括火災、海嘯、考試、打鬥、追求成就、逃離、手足競爭、證明自己、自我肯定、自卑渺小、權力爭奪、生離死別、被疼愛、重大打擊、恐懼、探險、挨罵、被欺負、收穫、啟發、人際關係、安全感、獲得技能、權威、依賴、自我控制、謹言慎行等。如果都能將自己每次的夢境主題記錄下來，累積一段時日之後再回顧，就能從夢境的主題中，更宏觀的看見自己。

夢的速記

　　回憶夢境有時是挺困難的，醒來後去上個廁所，清晰生動的夢境就可能僅剩模糊的印象，夢境內容無聲無息地悄悄溜走；甚至到了中午，就完全遺忘夢境細節，僅記得夢帶來的驚恐或奇妙感覺。這一切都是因為去甲基腎上腺素（noradrenalin）的作用，讓人迅速地從夢中清醒，把意識拋回現實生活中。

　　去甲基腎上腺素是腦內重要的神經傳遞物質，其主要目的為調節壓力。在令人感到壓迫的情境下，像是地震、夫妻爭執、被霸凌等壓力情境，我們熟知的腎上腺素會在危險情境時大量分泌，去甲基腎上腺素也是。兩者差別在於腎上腺素直接作用於全身，短時間內增加身體內供血與供氧量，加快心率，為戰鬥或逃跑做準備；去甲基腎上腺素則是作用於大腦，帶給人警覺與緊張感，使認知思考更專注在面對危險或未知事物之上。此外，去甲基腎上腺素還會促進長期記憶的形成，紀錄危機事件，以作為未來再度發生類似狀況時可參考應對之用。而在沒有危機情境時，去甲基腎上腺素的分泌能夠提高專注力、提升抗壓性與判斷力，使人能專注思考、集中注意力與促發積極態度。

　　在白天醒覺時，大腦分泌較高的去甲基腎上腺素，使人集中注意力，以做出最立即的對抗壓力反應；夜晚，是人

讀懂夢

放鬆的時刻，去甲基腎上腺素則漸漸分泌較少；入睡後，去甲基腎上腺素的濃度明顯下降；當睡眠進入快速動眼期，是夢境最活躍與生動的時刻，去甲基腎上腺素濃度也最低。其實，所有睡眠階段都有可能做夢，只是在快速動眼期時做夢的機率最高；相對的，在非快速動眼期做夢的機率較低。而且，在快速動眼期所做的夢通常時間較久，較具有流轉的劇情，夢境內容也較為奇特、生動與栩栩如生，更容易令做夢者產生豐富的情緒感覺。換句話說，清醒後記得的夢境內容大多是發生在快速動眼期的夢，此時也是去甲基腎上腺素的濃度最低，大腦處於最放鬆的時刻。

因此，若是在快速動眼期被驚醒，去甲基腎上腺素會急速上升，大腦會立刻專注在尋找導致睡眠被驚醒的外在線索，生動的夢境內容會有種被快速抹去的消退感，僅留下夢境引發的情緒感受。人會因為去甲基腎上腺素的濃度上升而忘記夢境內容，這是人體的自然調節機制。因為若是清晰記得夢境裡的每個細節，可能導致做夢者混淆真實生活與虛幻夢境，錯亂地誤以為現實生活中真確發生過夢境裡的情節，虛虛實實間套用夢境內容至現實生活裡，導致日常生活變得困惑與混淆。

也就是說，清醒後去甲基腎上腺素濃度快速提升而使人淡忘夢境，讓人得以區分真實生活與虛幻夢境；若少了去甲基腎上腺素，人可能會因為做夢而分不清楚真實與虛幻，

活得恍惚與斷裂。舉例來說，倘若夢見過世親友，夢醒後若少了去甲基腎上腺素消除夢境記憶的功能，做夢者可能會誤以為夢裡出現的人事物是真實存在於現實生活中，做夢者會深信已過世的親友仍活著，這時空背景錯亂的現象將造成莫大困擾。

因為去甲基腎上腺素此神經傳遞物質的特殊反應，讓我們夢醒後得以遺忘夢境。其實，在一整晚的睡眠中，不太可能毫無做夢，如果你起床後總是覺得自己整晚沒做夢，這真的無妨，意味著你在睡夢中已經完成釋放潛意識壓力的歷程，那些存放於潛意識的慾望、焦慮或待解的習題，已在夢中進行補償與平衡。既然已經處理完成，當然就不再重要，更不需要頻頻在心中反芻回想自己究竟夢見了什麼。附帶一提，如果這議題真的很重要，你會讓夢再找上你的。

夢中的情緒、感覺與想法

每個夢都代表著一個認識自己的機會。在夢裡，我們有可能會做出現實生活中恐怕不會去做的事情，夢中的自己甚至還能處之泰然地應對夢境裡種種光怪陸離事件。佛洛依德認為夢具有兩種特性：滿足願望以及幻覺經驗。夢藉由將平日清醒時被意識所壓抑的、不被承認的慾望轉換成離奇夢境，目的是為了維持人格的完整性，讓人不至於因為否認部

分自我慾望而分裂。因此，夢境裡的離奇詭譎有時是爲了平衡白天所壓抑的慾望，而夢中的情緒、感覺與想法恰好能補綴或誇示現實生活刻意略去的自我面。在白天的日常中，我們大多以符合現實條件的「理智我」在生活著，將不被現實所接納的部分自我壓抑到潛意識的「隱藏我」中。探索夢中的情緒、感覺與想法就像是把聚光燈朝向被「理智我」塞在幽微處的「隱藏我」。

人害怕面對「隱藏我」或許與害怕改變有關，讓「隱藏我」躍上舞台可能會帶來衝擊，尤其是直白赤裸地呈現會過於刺激與冒險，導致做夢者拒斥或逃避，而錯失面對的機會，夢便以迂迴譬喻的方式將「隱藏我」置入。舉例來說，夢見已分手多年的前男友，就是個滿頻繁被提到的夢境。

曾有位來談者描述「夢見前男友深情地站在前方，望著她在廚房料理食物」。來談者夢醒後十分不解，因爲當年與前男友同居時自己從未下廚做菜過，兩人交往到最後還不歡而散，分手後已各自嫁娶多年。她對前男友的評價不高，認爲前男友在夢中的形象、表現與現實生活差距極大。而理解此夢的重要線索就是探索做夢者在夢中的情緒、感覺與想法爲何。做夢者描述自己在夢中感覺被愛與被呵護，認爲能有個人默默地支持與了解自己是極其美好的感覺，甚至夢醒後還沉浸在被愛的感受中許久，好希望自己能回到夢裡被捧在手掌心呵護的感受中。夢境中的前男友靜默支持與欣賞做

夢者，讓做夢者感到能盡情做自己想做的事情，感覺被鼓勵、被愛惜與被支持，讓做夢者感到有自信。這些夢裡感覺到的「鼓勵、愛惜、支持與自信」恰巧反映出做夢者現實人生所匱乏的部分。

探索在夢中的情緒、感覺與想法之後，下一步該思考的是：何以自己會被夢中的這些感覺給深深吸引呢？當然，我們每一個人都好期望自己是被珍惜、被呵護與被愛的，若能在這些感覺中生活著，人生是多麼美好啊！渴望被愛是人之常情。但是，為何做夢者需要透過夢境來強調這些感受是如此之重要呢？或許生命中遇到哪個人？與何種個性的人共同生活？與誰同在一起？又與誰分開了？這些種種際遇或多或少會影響幸福快樂的感受。但是，人生最重要的意義與價值應該是朝向自己的。也就是說，與其冀望別人帶給你快樂、帶給你自信、帶來被愛與被支持的感覺，倒不如反求自己，由你自己為自己帶來幸福快樂，這才是夢境真切想要提醒做夢者的寓意。

於是，我輕柔地問來談者：「你有沒有想過，為什麼此時此刻的你，會如此需要在夢中出現有個欣賞你、呵護你與愛你的角色呢？你心裡最真實想要的渴望是什麼？」如果渴望被愛與有自信是「隱藏我」想表達的，潛意識會透過夢境象徵來傳遞寓意，夢中出現的人不盡然是代表你朝思暮想的那位，但絕對是影射著你內心渴望被滿足的慾望與幻想。

當你內心缺乏自我欣賞、自己愛自己、自己支持自己的能力時，就會將此自我不能滿足的部分投射向外，向外尋求外界環境能出現某位可以帶給自己如此感受的人現身。

內心有多盼望自己被這樣對待，就會對現實際遇有多深的失望。人往往會將內心的匱乏反映在向外追求事物的執著上。內心匱乏的渴望驅動夢境創造一個象徵意象，來滿足幻想與浮現渴望。於是，來談者夢見自己被愛與被支持。

但是，我必須老實的說，遇見對的人是慾望、是幻想。遇見自己、珍愛自己才是潛意識想告訴你的。

回到來談者的夢境裡思索，為何是此時此刻會夢見分手多年的前男友深情望著她做菜呢？其實夢想告訴她的是：與其渴望別人給支持，倒不如自我鼓勵，愛惜與支持自己。如此一來，才能活得自信與安然。而上述這些覺察，是從探索夢中的你所感受到的感覺、情緒與想法所引發的，循著這些線索能將聚光燈轉向自我內心被潛藏的慾望。夢在提醒做夢者內心匱乏的渴望。然而，發現匱乏的渴望不是哀怨，而是照亮潛在能量所在之處。

夢醒後的感覺

即使夢中出現強烈又深刻的情緒，我們對夢境內容的回憶也很難從短期記憶移到長期記憶中儲存，你可能記得很

久以前做過某個印象深刻的夢，但當時的夢境細節卻早已無法完整回憶，僅能粗略地憶起夢境的片段以及夢醒後所延續的感覺。

不記得夢境的內容，卻延續著夢境帶來的感覺，這與記憶的儲存方式有關。人類儲存記憶的方式是從感官知覺到外在刺激後，形成「感官記憶」，感官必須注意到資訊才能輸入到「短期記憶」，感官未注意到資訊則直接遺失，僅有注意到的資訊才會被傳遞進入短期記憶裡；而短期記憶需要刻意編碼，才能輸送到「長期記憶」中儲存，不然此資訊就會流失遺忘。

清醒後對夢境的回憶會消失得很快，這是因為去甲基腎上腺素的作用，使得人對夢境的回憶大多僅存在於感官記憶中。若未能及時寫下，對夢境細節的記憶將會消退得很迅速。舉個極端的例子，想像一下，若你夢見與龍對話，清醒後這段夢境若被編寫入長期記憶的現實中，有可能會接受了夢境裡許多不合現實的情節，腦袋中會清晰記得龍是個活靈活現真實存在過的生物。無論是多不合理、多異常的夢境，都彷彿在真實世界裡真確發生過，這是不是很詭異呢！所以，為了避免令做夢者分不清究竟真實是什麼而導致人活在錯亂中，混淆了夢境與現實世界。所以，絕大多數的夢境都不會被編寫進入長期記憶裡，以避免認知失序混亂。不記得夢境內容是大腦的智慧功能，清楚劃分白天的醒覺生活與夜

晚的幻想夢境，避免人落入活在錯亂的風險中。

　　因此，做夢者極可能隨著時間的流逝而遺忘夢境細節，卻能保留著夢醒後所殘餘的感覺。如果做夢者對夢境有感覺，就意味著這個夢境勾動做夢者內心最難以忘懷的情感，這也是做夢者內心潛藏慾望的投射。被遺忘的夢境其實就是沒必要深思的內容，就算真的有需要，未來也會轉換成另一場夢劇場再次出現，真的沒有必要執著於回憶很久以前的夢境內容。與其花時間在回憶過時的夢境內容，倒不如把精力放在覺察夢醒後你的感覺感受是什麼。

　　夢促發的感受比夢境內容還重要，回味夢醒後被促發的感覺能顯現夢的意義。在夢中出現的情緒可能不合理，迴異於真實生活中的你，例如偷竊卻感到欣喜、在熟悉的城市迷路而著急哭泣、因忌妒殺人卻無悔意。這是因為人在社會化的過程中，被教導得展現合情合理合宜的行為表現，而在夢境中的你卻不受社會規範、道德倫理、法律規章等規範限制，得以展現最本能、最原始的情緒反應行為。就好比年幼的孩子會因為自己的糖果掉進池塘而嚎啕大哭，卻無法理解為何別人會因為找不到糖果而淚流不止，幼童以自我為中心的情緒感受就是最本能、最自私與最原始的情緒反應。夢中的感覺就是類似幼童的自我中心式的感受感覺，如此本能、如此自私與原始。

　　也就是說，夢藉由揭露做夢者最私密的情緒來激發改

變，最私密的情緒通常都是自私的、自我中心的以及與自身利益有關的「小我」，而非社會所需要的「大我」。因此，有時要細緻地探究夢的象徵意涵可能相當耗時費力，可轉個彎、換個方向，體會清醒後的感覺藉以沉澱夢境雜質，過濾夢的象徵意義，浮現夢最精簡的暗示：你最自私的小我需求是什麼？

　　曾有位來談者敘說多年前的某夜，自己一覺醒來後坐在床沿，突然覺得好悲傷。他依稀記得當晚有做夢，卻完全無法回憶起自己究竟夢見了什麼，僅殘留夢醒後莫名的哀傷感覺，甚至難過到流下淚水。做夢者自述一生中只有至親過世時才流過淚，做夢者完全無法理解自己為何會如此。

　　無法回憶夢境，醒來後卻延續著夢裡的感覺，這個狀態就非常適合探索夢醒後殘留的感受感覺。人會在夢裡感受到情緒，是因為夢知道做夢者必須深刻地沉浸在那份情感裡頭，無論是正向的或負向的情緒，夢要做夢者須細膩體察箇中滋味。只要能完整覺察情緒，被壓抑的情緒就得以疏通，被阻塞的能量才能流動，人便能前進到下一層次。也就是說，夢正在療癒做夢者內心蓄積的阻塞情感。來談的做夢者在現實生活中是個非常理性的人，顯少展現自己脆弱的那面。夢正在告訴做夢者：一直以來你都沒有允許自己展現脆弱的那一面，始終有條有理地經營生活。如果累了，就該好好停下來心疼自己，允許自己軟弱一下。

讀懂夢
從夢境與香氛中傾聽自己

夢境中若充滿哀傷悲痛，很有可能是因為根深蒂固的內在議題一直未獲得解決，這議題或許跟家庭、人際關係或自我成長等有關。因為潛意識會藉由夢，時而委婉、時而嚴厲地向做夢者指出同一個遲遲未獲得重視的人生課題。情緒是線頭，循著情緒走向內心深處，問問自己：「最自私、最自我的需求是什麼？」或許就能輕啟夢境想要提示你的人生課題為何。雖然夢舒緩了白天壓抑的情緒，但是藉由做夢，儼然已在暗示做夢者該整理過去未梳理的內在議題，現在的你應活在此時此刻以及走向未來。

即使你完全不記得夢境，夢醒後僅殘留些許情緒，其實不用覺得可惜，也不必感到沮喪，更無須刻意苦思該如何借重夢境的訊息來自我覺察與改變人生。忘記夢境內容，這真的無妨。做夢這個活動本身就帶有療癒效果，若夢已補償內心匱乏的感受、滿足內在渴望的需求，其實也就不需要再進行過多的細節解析，只需體會感受即可。

夢境的標題

毛毛蟲能蛻變成蝴蝶，以顯而易見的變態行為展示成長；而人的成長卻是隨著歲月推動前進著，看似平靜，回首已髮蒼蒼。是驚喜，也是感慨，轉眼間時光無聲息的流逝。

因為日常生活的繁忙，很有可能無法每次夢醒後就立

即完整地記錄夢境，另一種自我解析夢境的方式則是將生命視爲全程的發展。想像你夜晚的夢就像是一本故事書，每一場夢都是這本書其中的一個篇章。每次夢醒後，直覺地替夢境訂立個言簡意賅的主題。如果能持續將每次的夢境主題記錄下來，累積一段時日之後再度翻閱回顧，就能從多段夢境主題中，以更宏觀角度看見自己某段時期的煩憂與成長。

舉例來說，有個長期來談個案在兩年的晤談歷程中，曾記載過的夢主題包括：考試、逃離、恐懼、挨罵、被欺負、依賴、小心翼翼。如果略過每段夢境的細節內容不談，僅單看這兩年來的夢境主題，你發覺他的潛意識在說什麼了嗎？試著以情緒爲引路，這些主題都圍繞著「害怕擔憂」。這位來談者很不幸的自學齡起便持續遭受同學霸凌，內向、善良又多愁善感的他並未做錯任何事，人生唯一的錯誤就是境遇讓他遇上好幾個以霸凌爲樂的同學。即使事過境遷、他也已成年，被霸凌的心理傷痕卻依然深深存在著。潛意識透過夢境，浮現共通的主題：「害怕」。夢境主題透露出他害怕與人接近、害怕被評價、害怕被欺負、害怕被討厭，所以他過得小心翼翼，在人際關係裡委屈順從與討好依賴，因爲擔憂惹人厭而活得犧牲自我。

然而，潛意識藉由夢境所指涉的情感是個人化的，通常是最本能的，也是最以自我爲中心的原始情緒，這些都是與他人無關的感覺。所以，如果將夢境呈現的害怕主題解析

為「恐懼與人相處」，這樣的解析就失去潛意識自私慾望的本質。從情緒與潛意識的關聯推想，負面情緒帶有著闇黑的能量，潛意識內容則帶有自私的需求。綜合情緒與潛意識這兩個觀點來統整分析，「害怕」其實是為了自我保護，害怕主題的夢境是要來談者「自私一點」、「要勇敢些」。換句話說，這兩年來的夢境主題，亦指向一個最自我中心，也是最核心的議題，那就是：你得為自己勇敢。

夢會揭示潛意識的慾望，也會暗示做夢者解決之道在哪。「害怕」是潛意識想指出的；「為自己勇敢」則是潛意識提示的解決方法。這兩年來的夢境主題是在提醒做夢者：「你是有能量的，你已經不再是當年害怕脆弱的你，你可以選擇用更建設性的方式自己保護自己，展現自我。否則，心靈就不會成長。」最後，來談者看見了自己的害怕，認可與擁抱那個會害怕的自我。最終，他長出了勇氣，一邊帶著害怕的自我，一邊往人生道路前進。

若你也能將連續一段時期的夢境主題整理成冊，就能從中發現潛意識裡最自私的慾望以及生命難題的解方。所以，如果你有持續紀錄夢境的習慣，可有兩種自我解讀夢境的做法。其中一種解讀夢境的方式，就是將每次的夢境視為是一個獨立的短篇故事，每個短篇故事都有此夢主要要傳達的重要意涵，讀懂每個夢境能帶來對日常行為的體悟。隨著累積越來越多的夢紀錄，就能採行第二種解讀夢境的方式，

那就是將最近半年或一年以來的夢紀錄集結，形成一冊故事集，把每個看似獨立的短篇夢故事集結成一大本夢境故事書來閱讀。這方式也很有趣，這一大本夢境故事裡的每個小篇章，將浮現做夢者日常生活所關注的焦點，像是親情、愛與被愛、信任、失去、恐懼、勇於表達或未來理想等，能從中發現做夢者某段時期所關切的命題，以理解自我生命模式或找出個人的行為應對風格。

第五章
自我解讀夢境的方法

　　我得坦承，在寫這本書時，我偶爾會陷入自我懷疑中，自忖是否夠資格寫出些值得閱讀的內容。尤其是鑽研夢境的大師與提倡香氛療法的前輩們何其多，我才疏學淺，與他們相比簡直是雲泥之別，竟敢敝帚自珍寫書。特別是在靈感枯竭時，內心更容易響起我真能托微言於拙筆的自我質疑聲。

　　某夜，我夢見一位陌生卻很有威嚴的男子，他當面批評我是個不夠資格的人。非常簡短的夢，但後座力卻超強。夢醒後，被駁斥的挫敗感延續許久不退，這感覺還真難受呢！當下，我腦中閃現的第一句話是「冒牌者症候群」（impostor syndrome）！接著，我聯想起當年攻讀博士時的戰戰兢兢，慌張自己在課堂上的發言會被輕視、所寫的文章會被強烈否定，擔憂自己被評價是個不夠格的心理學後輩。矛盾的是，現實生活中的我可是時常挑燈夜戰、用功苦讀。即便如此，內心卻仍是相當在意自己是否夠努力，懷疑自己是否會表現差勁。這些想法多麼符合冒牌者症候群啊！冒牌者症候群指的就是無法將成果歸因於是自己努力的結

果，擔憂自己是個「冒牌者」會被識破，這是種缺乏自信的心理現象。

夢是投射作用的一種，當人經歷到某種無法接受的正向或負向情感，有時會採取投射作用來解除焦慮。我向外投射出自己不夠資格的焦慮，其實否定我自己的，不是別人，正是我自己。更深層的說，真相是我因為自卑而自我設限，進而衍生出挫敗感，展現在行為上就是寫一行刪除十行，邊寫邊自嘆不如人。理解夢就是改變的契機，這場夢點出我自我設限的內在陰影，夢提示我得轉身面對它、承認它，並接納完整的自己。

人得以成長，是看清楚投射作用，並願意承認與矯正。夢激勵我修正對自己的觀點，我決心不再閃躲，我擁抱心中根深蒂固那個不夠好的內在自我，也允許自己接納不夠好、卻也是完整的自己，我願意如實呈現本書不夠完美的書寫，不再那麼害怕被質疑是個不夠資格的人。

藉由分享我個人的夢境，我想表述的是：自我解析夢境是理解自我的方法，而理解夢、理解自我是為了找到自己，也是為了自我接納。若我能幫助來談者找到自己、接納自己，那我怎麼能不接納我自己呢？我又怎能不欣賞我自己所書寫出來的內容呢？於是，我決定站在多些分享者的立場、少些權威專家的角色，透過一支禿筆陳述解讀夢境就是練習轉換注意力，是藉由自我解析夢境來養成向內閱讀自我

的習慣，學習在日常生活與夜間夢境這兩者之間平衡注意力，偶爾向外看、偶爾向自我內在探索。

解析夢境與聯想、猜測能力有關，無論是與心理師討論或是由做夢者自我解讀夢境，都是藉著夢境，向做夢者的自我內在提出探問，帶點理性又不失感性的追尋，而不妄加斷論。最終會走向哪，仰賴著每位做夢者對內在的開放程度以及主動想像的能力。越能對自我開放，越能得到豐富心靈。然而，看見內在自我之後，並非是要臣服於潛意識裡自私的需求、不能被實現的渴望。而是在理解自我之後，擁抱那個被壓抑的隱藏我，從逃避面對某部分的真相，轉向看見缺失的那角，擁抱缺失的那部分，才能擁有完整的自己。

人生最沉重的哀傷莫過於日復一日的假裝若無其事地過著違背心靈的生活，再怎麼假裝，也騙不了自己。其實自我內心是很清楚的，才會在進退兩難的矛盾中掙扎。讓我們一起從解析夢境中，看清楚夢所透露的難處與暗喻式的指引。即使困難就在眼前，也能從感性與理性間找到平衡。學會了向夢探問，你將不再孤立無援，因為你就是自己最大的支持。

主題式自由聯想

在自我解析夢境之前，得先判斷此夢是否具有需要解讀的意義。若是基於生理需求所驅動的夢境，就不具解析的

意義。「當下的生理驅動夢」的意思就是這個夢其實是感官已經知覺到某些生理訊息，藉由夢來喚醒做夢者去消除感官的不快。像是夢到自己尿急，頻頻找廁所，清醒後還真的有尿意。那樣，這個夢就不具深入分析的意義，因為純屬於生理驅動，夢只是為了喚醒做夢者去解除生理窘迫。但是，假如同樣是夢到自己尿急，夢中著急地遍尋不著廁所，清醒後卻毫無尿意，心裡反而有種緊張與焦慮的感覺。那麼，這個尿急的夢就值得去探索，可歸類於心理壓力所驅動的夢。

心理壓力所驅動的夢才具分析意義。

最初，佛洛依德使用催眠的方式來幫助個案覺知潛意識壓抑的內容，他後來發現根本不必如此大費周章，可採用「自由聯想」技術即可協助個案步步接近潛意識。自由聯想就是當你注意到某件事時，覺察當下立即在腦中閃過的念頭是什麼？再順著這個念頭接續地自由衍生與此念頭相關的聯想，想法自由自在，卻又不脫離某一主軸，而非天馬行空式的漂移想像或跳躍思考。例如夢見火災，則以火災為起點，開啟一連串與火災相關的聯想。像是：火災、爸爸叫我快跑、可怕、被燒到會痛、害怕受傷、恐懼、緊張、逃離躲避、奮力求生、要再快一點才能避開危險、快要火燒屁股了、論文。

窮盡一切的聯想後，做夢者意識到自己「要再快一點才能避開危險」蘊含著自己對「火燒屁股」的時間感到有壓

力與焦慮。火災夢提醒做夢者去看見近半年以來，做夢者一直以拖延的方式逃避寫論文，藉口自己工作繁忙，躲避面對完成論文才能取得文憑的壓力。在意識層面，做夢者雖然嘴巴說自己不需要文憑，但潛意識卻提醒著他未完成論文的焦慮。一旦覺察自我的焦慮來源後，做夢者才能逐漸撥開潛藏在時間焦慮底下，再更深一層的恐懼是低自我價值、自覺無能以及不相信自己能完成。

對做夢者來說，「火」是危險與緊張。但是，從火的象徵意義來看，火能燒毀萬物、熔斷金屬；火亦能照亮環境，讓人煮熟食物以維生。火兼具毀滅的危險性以及維繫生命之光的雙重寓意，同一個物件卻有兩種象徵意義，這正是夢以象徵符號進行隱喻最有趣的地方。夢指出做夢者逃避面對已經火燒屁股的論文，是為了刻意漠視自覺無能的內在陰影，反而得耗費更大精力去朝向某部分的光明自我，像是刻意加班、增加應酬，卻不留時間讓自己完成論文。同時，夢亦向做夢者指出，若有勇氣去面對十萬火急的論文，就能朝向維繫生命之光。也就是說，火象徵著有時間壓力的論文，亦象徵著完成論文即能朝向光明的未來。這份覺察提醒做夢者：你該有所行動了！

夢境的自由聯想就是將夢視為一個影像，讓聯想自由發揮，由一個聯想啟動另一個聯想，不加以批判腦中浮現的所有念頭，也不刻意去篩選，窮盡想像地提出個人主觀的直

覺推想。若毫無頭緒，亦可採用榮格學派的作法，僅挑選夢中最重要的部分進行主題式想像，省思夢境中出現的特定單一圖像、人物、背景、對白或自我在夢中的感受等，圍繞此單一元素並盡可能地擴充推想。以上述夢見火災爲例，榮格學派則以「火災」爲中心，聯想到很可怕；再回到以「火災」爲中心進行聯想，想到以前曾玩火被罵；又再回到「火災」繼續聯想，想到緊張，依此類推。換句話說，做夢者可就夢的主題進行直線式的推想，由一個聯想引出另一個聯想，最初的主題像是第一代，之後的每個聯想都是第二代、第三代等；亦可以將欲聯想的主題置於最中心位置，每個聯想都是圍繞此中心主題發散，中心主題像是花蕊，每個聯想好比是圍繞著花蕊的片片花瓣。

此外，亦可依據夢中與自己個人有關的或與整體文化有關的背景脈絡爲主軸，朝向個人私有的或集體潛意識的內涵進行聯想。例如：夢中出現「柑橘」，做夢者可能聯想到過年期間與血緣親近但關係不佳的家族成員重聚，產生被比較的厭惡感，這是屬於個人層次的「嫌惡」；做夢者亦可能聯想到文化層面的「吉祥好運」。也就是說，主題式的自由聯想是以夢境中的某一元素爲起點，由做夢者開啟一連串的個人主觀推想，並無特定規則，可直線式衍生推想，亦可花蕊式的圍繞單一主題擴散推想。而聯想的層面可朝向個人私有的經驗，亦可從更大的社會文化角度切入，就是盡可能的

擴大聯想，以發覺夢中與內在自我相關的深遠意義。

解析自由聯想

　　夢是深具個人意義的，缺乏做夢者對夢境事物的相關聯想就毫無意義。若你是尋求心理師協助理解夢，同樣也是需要由做夢者竭盡所能的提供個人線索，才能催化解讀夢境產生意義。也就是說，主題式自由聯想是自我解讀夢不可省略的重要步驟。聯想的資訊越豐厚，就能得到越豐富的聯想寶藏，也越能從寶藏中清晰夢的隱藏寓意。

　　對夢的聯想能促發做夢者觸及意想不到的現在困境、過去經驗與內在感受想法，若做夢者提供的自由聯想素材過於單薄貧乏，可能會阻礙下一步的夢境解析。窮盡可能的擴大自由聯想後，就可從以下三個面向去探索夢境的意涵：「童年時期未被滿足的慾望」、「白天時殘餘的遺憾」以及「特定的強烈情感」。而這三面向是三個基礎的種類，類似三原色的概念，像是三個獨立的圓圈，也有其重疊之處。理解夢究竟爲了滿足何種慾望，仰賴每個自我解讀夢境者的主觀判斷，覺察夢境究竟反映出哪部分的自我慾望、強烈情感或內在矛盾。

　　舉例來說，曾有位成年女性來談者，引發她來談的動機是她正在思考是否該轉職，雖然經過一段時日的準備，其

實心中早已有定見，但仍是很掙扎究竟該不該放手一搏呢？而自己是否需要向父母坦承稟告呢？也擔憂一旦向父母坦承，不僅得不到許可，更可能還會被斥責，使自己又再次埋葬夢想。在這次，她與我分享的夢境是「夢見自己正在考試，身邊都是不認識的人，考卷上都是圖形，完全看不懂考卷，考卷怎麼寫都寫不完」。

還記得上一章提過考試夢嗎？考試夢是很常見的夢類型，夢見考試通常是因為白天生活中被某些事勾動，喚起自我內在被評價的焦慮以及擔憂表現不佳的恐懼。於是，潛意識便從過去的生活經驗中容易喚起焦慮的素材庫裡，挑選能進行夢隱喻的象徵事物，最常被潛意識選中代表焦慮的就是「考試」。來談者以考試為起點進行自由聯想。她說道：「考試、緊張、陌生、擔心做不好……爸爸」。擴大聯想到最後，她十分驚訝自己竟然從嘴裡說出「爸爸」兩個字。

來談者回憶，自求學階段開始，無論考第幾名都無法讓父親滿意，考差會被體罰、考第一名會被檢討哪科表現不好。她時常覺得很挫折，自覺有愧於父親的生養。她曾經渴望學習藝術創作，卻被父親硬生生折斷畫筆、丟掉畫冊、燒掉漫畫。傷心之餘，只好迫於無奈地屈服父親的期待，就讀一個父親認為是有「錢」景、但自己卻毫無任何興趣的科系。好不容易蒙混畢業，過了幾年渾渾噩噩、索然無味的日子後，內心想做自己的念頭蠢蠢欲動，決心為自己冒險一回，勇敢轉職。談著談

著，突然間她懂了，夢見考卷題目都是圖形，或許與童年時期喜愛看漫畫、熱衷繪畫的慾望有關。

也就是說，現在生活中尚未轉職的焦慮（白天時殘餘的遺憾）引發被評價的挫折感（特定的強烈情感），而追溯此強烈挫折感的源頭與長期以來父親扼殺來談者「當自己」的渴望息息相關（童年時期未被滿足的慾望）。夜裡的夢隱晦地演出來談者白天日常生活的煩惱，告訴做夢者「轉職是計畫中的挑戰，你渴望做自己，也渴望被家人接納。」聽完後，她似乎心有定見，離開前我並不知道來談者對於是否該轉職做了什麼樣的決定。

過陣子，她再次前來分享夢境。我才知道上次談完後，來談者未與父母討論，便毅然決然轉職。這次，她夢見「在外租屋的她回家裡拿自己的物品。突然，房間變成儲藏室，看不到自己的東西，忘了要拿什麼就倉皇逃出」。

夢境場景是個重要線索，來談者的夢境場景為自幼生長的「家」，代表夢的議題觸及原生家庭。再者，我們得去思考夢中出現的象徵物「儲藏室」。一般來說，儲藏室是用以存放備用物品的空間，可能放著過去使用過的舊物或是現在不太頻繁使用的工具，除了哈利波特之外，鮮少家人會居住在儲藏室中。而在來談者的夢境裡，他自己的房間是突然轉變為儲藏室。在夢中，物品若有功能性的轉變，就得去思索因為何種原因而導致象徵物發生功能性的轉化。另外，做

夢者是「返回原生家庭的屋子拿自己的物品」，此行動隱含著已獨立卻又返家找自己；最後，我們來看做夢者在夢中的情緒是「倉皇逃出」，帶著某些羞赧、困窘與不知所措的逃離。一般來說，焦慮不安的情緒通常與長久以來固著未解決的心理議題有關。

綜合上述夢境場景、象徵物、行動與情緒等線索，越來越清晰地看見這場夢暗示做夢者：有個根深蒂固的未解議題，此議題與她想在原生家庭中尋找自我定位有關。然而，任何夢境的推測分析都必須最優先考慮做夢者個人的主觀詮釋。

我將此推測放在心中，邀請地問來談者：「這個夢，隱含著多項原生家庭的元素，尤其是你與家人間的互動關係。你跟父母的關係如何？一直以來，你們都如何互動呢？」來談者愣住，深深地嘆了一口好悠長的氣。原來，自她有記憶以來，父母之間尋常出現高度情緒張力的爭吵。最難以忘卻的一幕是在她五歲時，目睹父親揮舞著菜刀，架在脖子上揚言自殘；母親叫囂回應，企圖搶奪菜刀。兩人一來一往，互相喧嚷著，意欲玉石俱焚。年幼的她，看著父親脖子上微微滲出的血痕、母親怒吼崩潰的神情，嚇得驚慌失措。最令她費解的是，父母在爭執時會互相飆罵惡言、互丟碗盤、拿刀威脅自殘，兩人卻又能在爭吵過後事過境遷，彼此濃情密意地手勾手同進同出，和好如初彷彿前天的驚悚衝突從未發生過。她無法理解父母間的互動竟是如此之詭異，

有時她甚至覺得自己在家中是多餘的那個。

　　父母高度情緒張力的爭吵，又戲劇化地和好，表面上看似已化解夫妻衝突，但其實兩人私底下卻又分別把年幼的來談者當成傾吐心事的對象。父親時常對著來談者細數母親的不是；母親也趁父親不在時，向來談者抱怨婚姻生活的苦。她回憶童年，總是害怕父母兩人在衝突中不小心失手濺血傷了對方，更擔憂揚言自殘的父母一不小心弄假成真而喪命。小時候，經常絕望無助地瑟縮在家中某個角落，緊張兮兮地觀看父母爭執。直到父母冷靜後，才害怕地躺回床上，在驚恐情緒中昏昏沉沉睡著。此後，便頻繁反覆夢見「自己一覺醒來，父母都消失不見」的惡夢。

　　白天緊繃的意識溜進夜裡的夢，以連續的惡夢嚴酷地向做夢者指出恐懼的源頭。

　　夜裡反芻父母帶給她的陰影，渴望被父母重視，夢揭示來談者童年時期未被滿足的慾望與壓抑的情緒。在來談者年幼的小小腦袋瓜裡，早已不斷地被塞入父母紛亂婚姻關係的愛恨糾纏。沒有能力解決自己夫妻問題的大人，在年幼孩子面前互相傷害，還各自拉著孩子當自己的心情垃圾筒。讓來談者「反覆夢見父母消失」，是害怕被拋下，因而在關係中變得自責、害怕與討好；夢見「自己的房間變成儲藏室而倉皇逃出」，反映出她總是在原生家庭裡找尋自己的位置，卻總是遍尋不著自己存在的證據。

解析夢境是為了對夢境、對過去陰影產生新的理解。

或許你曾與這位來談者相似，有過類似的境遇或相似的心情，感覺被沉重的心鎖壓得動彈不得、欲振乏力，而逐漸失去享受生活的樂趣、喪失欣賞自己的能力。請務必提醒自己，這不過是人生暫時的階段，越是強烈的陰闇情緒，越能帶來強大的改變能量。

若能從夢境中發現內在隱藏我的提醒，就能在強烈的情緒中真實體驗自己所受的苦與樂。這些歷程並非要人苦中作樂，而是從苦痛中長出心疼自己、理解自己與欣賞自己的能力。我低聲問來談者：「你愛自己嗎？夢在說『你總是心繫父母，也不斷盼望能從父母眼中找到你值得被愛、被重視』的證據。但是，這過程卻時常很令你感到疲累與心碎。」

在別人身上找愛，主動權在他人身上，只能靜默被動地盼望他人給予。最困難的部分是，原生家庭是每個人第一個接觸的人際互動環境，人類在幼小時得依賴父母才能存活，生理上的依賴與心理上的依附緊密融合，卽使人的身體已獨立成熟，不須再依賴父母餵食，但心理上的臍帶仍是難以切斷。有時，父母不是不愛孩子，而是在家庭互動中造成不經意的創傷，也未意識到這個不經意的創傷是需要花心思撫平的。

愛自己是人生最重要課題，我們每個人一輩子都在學習這個課題。人生本是有苦有樂，煩惱的掀動有其原因，理

解原因是為了看清自己心中的苦可能根源於環境或者是受他人所牽制。但是，離苦的解方永遠是掌握在自己手裡。最終，我們會因為看清而脫困，驀然回首再看，驚喜自己不知何時早就已經自然而然地處在更高層次的氣度。

回到來談者的故事，她從夢境的解析中看見原生家庭父母兩人在處理夫妻感情的無能力，父母無能為力的感受蔓延到子女內心，侵襲著她，使她自幼養成得瞪大雙眼盯著父母舉動的習慣，盡可能乖巧溫順、不惹人厭，也盡力讓自己在課業上表現優異，希望父母能認可，甚至委身就讀父親認定未來會有前途的科系。長期向外觀看他人反應，而較少向內觀察自我需求。夢在提醒來談者：你一直都很孤單寂寞，你遺失自我已久，是時候找回自己與自我欣賞。

有句話道：「寂寞的解方是孤獨。」若能在孤獨中從事對自己有意義的獨處活動，寂寞便消失無形。每一個夢都來自做夢者日常生活中刻意忽視，卻將之壓抑進潛意識的隱藏我，大部分都是因為內心太在意、也太害怕無能力的關係，所以選擇不去面對。

夢映照出做夢者的某些潛在害怕，同時，夢也點亮覺察的光以及改變之道。覺察內心的孤寂，就能開始理解：寂寞是為了撐開陪伴自我成長的空間。

離開前，來談者留下一席令人玩味的話：「我愛我的爸媽，但我也得愛自己。人生是我的，我不想再到父母家裡

找自己，老是找不到又倉皇逃出，好累。我該在自己心裡面打造一間屬於自己的房間。」她懂了，解開心結的鑰匙一直都握在自己手裡。只是人受到驚嚇時會全身僵硬，身體緊繃得握拳，而忘記攤開手掌。其實只要鬆開沉重的心情盔甲，解開心結的鑰匙就會咚的一聲掉落在面前。

做夢者是自己夢境的編導者，夢的浮現可能來自於童年時期未被滿足的慾望、白天時殘餘的遺憾或特定的強烈情感。在主題式自由聯想後，能發覺夢幽微的意涵，但也別浪費夢境所照亮的人生指引。或許你可以慢慢的做出選擇，但不能躲藏一輩子不去面對生命的課題。不去面對白天人生的重要課題，夜晚可能就會時不時浮現不同形式的夢。特別的是，只要看清楚夢境，自我的轉變便會在靜默中於焉發生。

解析夢中出現的象徵物

符號、圖騰比文字語言出現得更早。人類運用符號、圖騰的歷史悠久，符號與圖騰是最古老的溝通方式。在尚未發明文字以前，先民僅能用口語傳達想法，但有些事情口語傳遞是不夠精準的，需要透過記錄標示，譬如像是立下標誌提醒族人這裡常有落石，危險得小心通過。圖畫式文字於焉產生，而後便以此傳遞溝通訊息，記錄採集、狩獵、自然現象、數字等生活中的萬事萬物。圖畫式文字就像幅簡易的畫

作，大多爲直接反應某事物或人群活動，沒有複雜的意涵。

由於這時期的先民尚未能理解自然界的規律與變動，像是山川百岳、日月星辰、狂風暴雨、山崩地裂等現象，圖騰或符號也被先民用以傳達對自然界的敬畏崇拜之心。常見於壁畫、器皿或雕像上，以此表徵信仰、寄託精神、傳遞宗教或流傳文化等人文風俗，甚至還會在身體紋上圖騰藉以印記力量。

符號與圖騰的象徵自有人類以來便流傳著。卽使是現代，我們的生活中也是充滿著各式各樣的符號。我們時常用符號表情來傳達情緒與溝通，像是line的貼圖、用簡易的線條代表情緒、交通標示等。有些廣告商還會透過操作象徵符號作爲宣傳商品的手法，像是把啤酒與暢快心情或交友廣闊連結、瘦身產品與幸福美麗的人生結合、配戴珠寶象徵財富豐厚等，以象徵物來植入某些心理特質，藉此達到宣傳行銷之目的。有趣的是，大多數的人還滿習慣接受這樣的象徵式行銷，戴上珠寶彷彿就是無聲地向衆人宣稱財富自由、維持纖瘦似乎就代表著能過著幸福美滿的生活。

符號的應用自古至今流傳淵遠。因此，要解讀夢境中出現的象徵物、符號或圖騰等，可從更寬廣的環境系統去思量做夢者所身處的社會文化中對某些特定符號所隱含的表徵意義，亦可從做夢者個人對此象徵物的個人觀感、私有意義以及與此符號相關聯的生命經驗去推想。

何以夢需要透過表徵物來隱喻內在慾望或焦慮呢？佛洛依德認為夢若直接展演內在的慾望或潛藏焦慮，可能會過於震撼而令做夢者感到強烈不安或引發防衛心理而拒絕看見。因此，夢大多以日常生活中隨手可見的事物作為象徵，藉以隱喻更深層的議題，以迂迴的方式提醒做夢者的意識心智。榮格則認為自有人類以來，早已習慣用符號來進行溝通，符號、圖騰等萬事萬物都有其集體潛意識的意涵，夢就是潛意識的語言，夢當然也很自然地採用象徵物來為潛意識發聲。以「蛇」為例，蛇的圖騰常見於東西方文化中，深具集體潛意識的意涵，而每個人對蛇這個生物也存著個人私有的印象觀感。因此，夢見蛇可能帶有個人的以及集體的潛意識內容，這兩個層面都值得加以探索。

蛇，讓你聯想到什麼呢？蛇隨著成長會不斷蛻皮，某些蛇可能帶有毒液，會導致接觸者死亡。在基督教中，蛇引誘亞當與夏娃犯罪而進入另個層次，蛇被視為是誘惑的、邪惡的象徵，也是促進轉化的推動者。在中國的百越族，以蛇圖騰象徵著自己的族群雖然人數較少，但也能打敗比自己族群人數眾多、力量更強大的敵人，蛇象徵擁有強大能力的暗示。在台灣的排灣族，則把百步蛇遵奉為祖先，排灣族的貴族才能使用百步蛇圖騰作為專屬紋飾，百步蛇性格類似排灣族頭目的人格特質，象徵獨立和平，不主動攻擊，一旦被攻擊則會反擊。此外，在某些醫院，常見以蛇纏繞權杖作為醫

療圖示，此圖示源自於古希臘神話中的醫神阿斯克勒庇俄斯，阿斯克勒庇俄斯發現蛇貼地爬行，熟知所有植物的藥性，蛇窩更是許多有效藥物的生長之地。阿斯克勒庇俄斯時常向蛇尋求建議，為表示尊重蛇，便請蛇纏繞於其手杖上。另外，在古老的瑪雅文明裡，蛇圖騰代表著本能求生存的力量，是生命力與熱情，象徵不斷更新的能力。

綜合上述從文化角度對蛇的聯想，可知蛇擁有許多特性，夢見蛇可能代表著恐懼、邪惡、蛻皮成長、敏銳警覺、轉化更新、死亡與重生、價值系統的誘惑與交換、以小搏大的強大能量、獨立和平、被動式的反擊、神祕的療癒力、醫療需求、生命熱情等。除了上述集體潛意識中對蛇的論述外，尚得考量個人潛意識對蛇的推想。因為每個人對蛇的感受不同，每個人所身處的文化背景亦不同。因此，欲解析與蛇有關的夢，就必須得去探索每一個做夢者生命的獨特個別性以及其所身處的文化特性，才能揭開究竟是內在的哪個部分透過夢見蛇來喚起做夢者的關注。

特別的是，帶有集體潛意識的符號象徵之夢，大多發生在人生重要的轉折期或角色轉換階段，像是邁入青春期、壯年期、老年期或成為父母等關鍵角色轉折階段。雖然集體潛意識的夢暗示著做夢者，生活需要做出有意義的改變，但夢境鮮少直接指出做夢者要做出什麼樣的具體改變。夢境綿延的情緒可能會令做夢者感到些許不安與焦慮，而這些不安

與焦慮的情緒就是隱微地在推動做夢者覺察，要做夢者做出決定、做出改變。若能讀懂這類型的夢，就能從不安情緒中激發生命本質的愉悅。

自有人類以來，我們對於某些事或物的認識，是帶著從古至今傳遞而來的文化傳承，像是從神話、傳說與童話故事等積累而來的共同想像。雖然這些神話、傳說是虛構的故事，但卻是描繪著人生百態，傳達亙古不變的普遍人性。榮格發現這些相似的情節、類似的故事會在不同的文化之中以傳說或童話的方式流轉傳頌著。這些神話、傳說與童話能引起大眾的共鳴，就是因為它們的內容反映人性、刻劃人生，能與人類心靈緊密相依。

萬事萬事各有其典型的文化象徵意義。人是身處在社會文化中，每個人的人生就像是塊黏土，每塊黏土都擁有屬於自己的特性，人的成長過程就像是揉捏黏土般，捏塑的過程可能加入一點文化背景、種族意識、政治立場、社會論述與個人價值觀於其中，將環境脈絡與個人背景、人格特質等相互融合揉捏成為現在的你。

也因此，夢中一件常見的物品，對不同的人來說，可能會有相當迥異的象徵意義。以花為例，花具有轉瞬即逝的美麗、嬌弱、盛開的新生命等意義，花可以擺放於歡樂齊聚的慶典中，亦可在哀悼場合表達致哀之意。舉例來說，曾有位來談者因為夢見花而感到十分恐懼，因為其母親深愛插花

藝術，家中總是擺放著母親精心設計的綻放花藝，人前優雅的母親卻時常在人後虐待來談者。當兩人獨處時，母親時而憤怒狂吼、時而靜默冰冷。不順其意時，還會嚴厲體罰來談者。最令來談者無法接受的是，只要父親一踏進家門，母親就立刻堆滿笑意、綿言細語。母親陰晴不定的性格令來談者恐懼萬分，夢見花令來談者聯想到情緒不穩、表裡不一的母親。相反的，另一個來談者夢見花卻感到萬分喜樂，他認為夢中盛開的花卉為其枯槁的生活注入新生命力。

夢見同一項常見的物品，對不同的做夢者來說，卻有著迥然不同的解讀。

如果夢中出現的物品難以解讀，你可以試著從自己的生活背景、環境脈絡去思考，這物品是誰的呢？物品與你的關聯是什麼？物品的功能作用是什麼？通常在什麼場合出現？你對這物品的感覺是什麼？誰最常使用此物品？你上一次使用這物品是何時？在你的生命經驗中，此物品與你的歷史淵源為何？為什麼我在夢境裡會用此物品做出這樣的行為？夢中的一切是以「意義」進行連結，而非根據事實邏輯或因果關係。也因此，可能夢見以蛇作為斧頭、開卡車進小電梯等不合邏輯的夢境。

身為自己夢境的導演，做夢者擁有詮釋夢境的絕對權力。因為你才是你自己的主人，你最有資格對夢提出個人化意義。在翻閱解夢辭典找尋標準答案之前，先試著想一想，夢中

出現的事或物，對你的個人意義是什麼？又代表著什麼樣的文化意義呢？這才是理解自我私有的夢劇場最有趣的方式。

解析夢中人

人在睡眠中，身體進行修復，大腦則在整合資訊與串聯記憶。這歷程好似影片剪輯師在剪輯影片，白天清醒時，我們記得的生活經歷像是一段又一段、有前因後果的小短片；夜晚睡眠時，大腦則把白天錄下的每段影片擷取出一格一格的分鏡畫面，再把這些分鏡畫面全數倒入做夢者從小到大所累積的分鏡畫面記憶庫裡，進行比對與串聯。這些數以萬計的分鏡畫面存在每個人腦海中，有陳舊的、有新近的。睡眠中的大腦在整理新經驗的同時也激發了舊記憶，把大腦揚起的分鏡畫面通通串連起來，就成為夢境。也就是說，受到白天日常生活經驗的驅動，影響夜間的大腦在整理資訊時翻攪現在的或過去的某段記憶。這些新近的、陳舊的分鏡畫面閃現串連，編織成一段段夢境。也因此，夢中可能出現情節跳躍、不合現實、不符邏輯的劇情。

夢中出現的人物，是解讀夢境最有意思的一部分。因為夢中人可能不是你的意中人，而這個人會出現在夢中，並非是巧合。夢見此人絕大原因是在某些分鏡畫面裡頭，某種程度類似白天日常生活的片刻，像是相似的情緒、相仿的情

感經驗。大腦在串連新舊記憶時，連結了這兩個分鏡畫面，導致夢境中會閃現你以前曾看過，但卻不一定意識到自己曾看見的陌生人；或是曾經令你心心念念難以忘懷的人；或是現實生活中的重要他人、過世的親友、舊識的朋友同窗、點頭之交、摯友；甚至是你小時候曾閱讀過的童話故事主角、傳說中的鬼怪、睡前看的電影角色等，這些人物都有可能在大腦串聯新舊記憶時被激發，編織進夢境裡演出。

因為夢是以「意義」在串聯場景，理解夢中「人」所代表的意義，比了解其真實身分還關鍵。

隨著時日更迭，人的身體年齡成長了，心理卻不一定能同步長大。從過去到現在累積的未做完心理功課，像是不安全的依附關係、假性親密、慣性討好、情緒勒索等心理課題，就像卡關的遊戲一樣，會不定時地重現在面前考驗著人，帶點半強迫性地邀請自我去面對，不破關就會一直卡住，沒做完的心理課題將會在漫漫人生中反覆重現性質相同的考驗。有時，受到白天生活經驗的影響，勾動過去未完成的心理課題浮現，夜間就容易在略為醒覺的意識狀態下覺知大腦串連新舊記憶的活動。在夢醒後依稀記得夢見了誰、做了什麼事、在夢中感受到濃烈的情緒。心理學家方塔那（Fontana）認為任何類型的不安全感受都有可能化為人物出現在夢裡。

夢見誰，很值得花時間探索。

夢中人的解析通常是最複雜，也是最富饒樂趣的。因為人是立體的，夢中人的性別、年齡、職業、興趣、特質、彼此關係的親疏遠近等背景條件，皆是解析夢境時需要考量的要素。

　　夢見重要他人（包括伴侶、家人或是影響做夢者生命的重要人物）大多是象徵「與此人有關的糾結議題」或是「象徵部分的自我特質」。像是夢見父親或母親，代表你內在有個與童年時期有關的議題，譬如有位來談者夢見自己刺傷母親，探索後發現成年來談者現在對愛情關係的不安全感深植於不幸福的童年，雖然他孝順謙和，但內心裡一直住著個受傷的小男孩，他無法原諒母親視而不見父親對他的暴行。如果連至親的家人都無法信任了，他又怎能相信現在的愛戀對象會對他付出真心呢？

　　若是夢見伴侶，請先思考夢中伴侶的特質是什麼。夢中伴侶的特質就是你的鏡像，映照出你內在某部分心理特質。譬如：夢見伴侶過世，可能意味著你與伴侶性格相像的那一部分內在特質正在消逝中。若是已離婚或分手，卻夢見前任伴侶，代表著你白天的日常生活中因對某件事有所感覺，而此感覺與前任伴侶相處時類似，而使前任伴侶出現在夢裡。或許你想念的不是他，而是在那段關係中的自己，得去體察「在夢中」與前任伴侶相處的感覺為何，那才是現在的你想要被對待的方式。或者是說，這也是你能自己給自己

的生活態度。換句話說，解析夢見生命中重要他人的關鍵是你對這個人的印象、感覺以及共同的生活經驗。

　　夢見重要他人的特例是夢見自己，最常見的夢境是夢中登場的自己與真實生活裡的你自己一致，雖然在夢中的自己可能做出迥異於現實生活的行為，像是談吐、能力、性格等，但仍可依稀辨識出夢中的你依然是你，譬如：溫文儒雅的人在夢裡卻是用詞粗俗（談吐）、夢見自己游刃有餘地輕鬆完成真實生活中不可能做到的事情（能力）、社交焦慮症者夢見自己在聚會中是個萬人迷（性格）等，這類型「你仍是你，只是在夢裡表現不同」的夢境，需探索夢中的你感受為何？你在夢中的行為是受到什麼樣的心理特質驅動而展現？而這行為又可以帶給你什麼樣的力量？這類型的夢在告訴做夢者某部分被遺失許久的能力或特質正等待著被喚回，夢裡出現與現實生活中反差極大的行為，極可能是為了滿足被壓抑的潛在慾望或釋放內在焦慮。

　　有一種特別的情況是，在夢裡的那個人明明是自己，但登場的角色卻與真實生活中的自己截然不同，像是性別、年齡、背景資料等都大相逕庭，譬如：男性夢見自己在夢中是女性（性別）、夢見年幼的自己（年齡）、單身者夢見自己是個母親（背景資料）等。我們得先思考何以夢境必須編排這些樣貌、背景條件等都截然不同的自己在夢中呢？做夢者該自問「為什麼我需要於夢中如是呈現自己呢？」夢在提

醒做夢者：夢中自己的特徵是你所擁有的或即將會具備的能力。舉例來說，曾有個男性單身者夢見自己懷孕，在現實生活中生理男是不可能懷孕的，這夢以隱喻的方式在訴說，在舒適圈待習慣的他早已將當年的雄心壯志拋之腦後，夢點出他別忘記自己具備孕育人生新計畫的固有能力。

　　如果是夢見裸身的自己，有時並不是真正在夢中看見自己赤裸著身體，而是感覺夢中的自己是裸身的。在人前裸身令你感到如何呢？在夢中的感覺又是如何呢？自我解析的判斷是依據裸身夢帶給做夢者的情緒感受。裸身是隱喻除去外在的束縛，如果做夢者在夢中感到愉悅自在，「裸身卻自在的夢」透露出：做夢者渴望更自然、更能揮灑童趣的創造力。反之，如果裸身夢令做夢者強烈感受到羞恥、困窘、尷尬與不知所措，這意味著做夢者在現實生活中難以招架向他人展示最脆弱、最無防備的樣貌，「裸身卻羞赧的夢」投射出做夢者對於展現真實自我，是感覺到渺小與恐懼的，同時，裸身卻感到困窘的夢也在提示做夢者：你總是在武裝自己，於人前小心翼翼地自我保護，你其實不須隱藏真實的自己。

　　除了上述夢見自己或是重要他人之外，大多數夢境裡的夢中人都是做夢者部分自我的投射。也就是說，除了夢見自己與重要他人之外，夢中人其實都是隱喻做夢者的內在自我，象徵做夢者內心有些清晰卻沒有明說的情感。探索在夢中的感受、對夢中人的情感、你們彼此之間的關係、對夢中

讀懂夢

人的想法等，能浮現內在心理議題所投射出的內容。

　　因為夢中人極有可能是做夢者部分自我的投射或象徵著做夢者抽象的心理特質，而這些內容正是做夢者不願意去面對的或是內心渴望擁有的。像是夢見討厭的人，那就代表你正在整合自我內在，你正值面對自我陰暗面的重要時期。你內在某些被你揚棄的特質恰好與令你生厭者相似，越是深入了解令你生厭的人，你的自我探索亦會更深廣。夢見討厭的人，需要思考你對他的何種作為感到反感呢？為什麼你會這麼在意他呢？藉由夢中相遇，你能對討厭的人坦率表露厭惡之情，因為在夢中完整傳達情緒，就能理解厭惡的人其實僅是代表你無法接受自己也有那部分個性。在夢中坦率直白地呈現自己的厭惡，便能穿透厭惡，接納自己也可以同時擁有正向的與負向的情緒。一旦你能接納自己的不同面向，也會帶來尊重自己與尊重別人的心情。

　　另一種特別的情況是夢見舊識、但又不是很重要的人，這可能意味著這個夢中人有著做夢者渴望擁有的特質。舉例來說，曾有來談者不解為何自己每隔一段時日就夢見頻頻在夢中「找尋一位早年認識，現已無聯繫，彼此一點都不熟稔」的點頭之交。明明自己跟這位朋友毫不親近、完全沒有深交，很是困惑自己為何要頻繁夢見在尋找他。

　　我們開始以這個朋友為起點進行自由聯想，他談起這位朋友的事蹟，像是聚餐時會突然拿書出來閱讀；一群人相

約看電影，他卻逕自一人隻身去看另一廳的電影；不太與人打交道，但又會貿然出現在群體的聚會中等特異獨行的舉措。在外人眼中，他的行爲很奇妙，而他老兄卻是很自在。來談者對他的行爲感到詫異，卻又帶點矛盾的心生佩服。就是這個「自在獨處」的元素，讓潛意識透過夢在提醒做夢者。經由探索後，他覺察自己一向很重視人和、群體關係，現階段很需要夢中人「不在意他人想法、自在做自己認爲重要的事情」之特質。重複夢見自己頻頻在夢中找尋他，意味著潛意識持續不斷地在提醒做夢者：不要太在意他人想法。讀懂夢境，才能了然此時心，無物可譬喻。

夢挑選素材看似非常隨意卻是隱含深意。從上述的討論中，你發現了嗎？解析夢中人是最有意思的部分，需要像個偵探去抽絲剝繭夢中人的性別、人格特質、職業、行爲表現等，再往內心去探索做夢當時的感覺、夢醒後的感受，最後再合併所有資料，便能循著線索追尋出做夢者藉由夢見此人所進行的內心部分自我的投射內涵。舉例來說，曾有位女性來談者夢見自己向男性的原住民房東租屋，這位女性來談者憶起夢中這位陌生的「男性原住民房東」繼承很多筆房產，她對此夢中人的自由聯想是自然、灑脫、隨興、健康黝黑、身心健康與收入富足。比對來談者現在的眞實生活經驗，原來她那陣子正在苦思創業開店，創業的繁多瑣事令其心煩意亂，無論是地點、裝潢、人力、設備等各個項目都需

讀懂夢
從夢境與香氛中傾聽自己　　... 122

要投注大筆金錢，最令她裹足不前的是最喜愛的開店地點，房租卻是最高額。種種現實條件讓阮囊羞澀的她內心湧起擔憂，因財富不自由而感到躊躇不安、難以做出決定。

以此夢為例，邀請各位讀者一起練習分析夢中人的寓意，藉以了解做夢者在夢境裡投射出什麼樣的慾望以及生命課題的解決方向。你對原住民、房東、男性這三個背景條件的直覺印象是什麼呢？對夢中人的直覺印象與感覺將引領做夢者吹散夢的迷霧，發覺夢的隱藏意義。解析夢境，最需要的就是直覺力。

通常，「原住民」被認為有著與自然共存的敬畏謙卑與樂天知命的特質；「房東」是房屋產權的所有者，擁有房產帶來的被動收入；「男性」代表著陽剛特質，其實也是做夢者內在陽剛面的投射。陽剛特質一般被認為是目標導向特質，是與追求事業成就有關的能力。夢中沒有出現，但卻隱微呈現的意象是「租屋」，向房東租屋有著用金錢交換安身立命之處的隱喻。

其實，來談者對開店準備金的擔憂，夢早就知道，還指引出方向。夜晚的夢境展演出做夢者內在渴望擁有安身立命處所的慾望，也提示做夢者達成願望的方向，那就是「你只要擁有夢中人的內在特質，就能獲得嶄新的自己」，而夢中人所具有的敬畏謙卑、樂天知命、目標導向等內在特質，本來就是做夢者固有的部分內在自我。綜合上述分析，夢提

示做夢者「你是值得適度投資以實現創業計畫」。夢還向做夢者傳遞出：「你本來就已經擁有夢中人的自然灑脫人格特質，卻被現實壓得緊繃，遺失了那部分率性自在的自我，要不要試著找回被遺忘的自我呢？樂天又謙卑地去揮灑你自己獨特的性格吧！」夢正在邀請做夢者：放輕鬆，請你用最自然又謙和的心態去迎接挑戰吧！

在分析夢中人的部分，我認為最容易切入的探索面向是性別。我們每個人的性格中，或多或少都帶有些陽剛的或陰柔的特質，兩種特質的權宜平衡，才能剛柔並濟、動態調節，帶來良好的生活適應。如果夢中人是異性，可能暗示著與你相反的那一面。可能的原因是做夢者藉由夢見異性來指望相反性別的特質能填補自我內在缺失的陽剛或陰柔面。

夢見女性，代表陰柔面，陰柔特質被視為與撫育性、情感豐沛有關，偏向社會或家庭等關係導向，與之相關聯的人格特質像是包容、體貼、親近、細心察覺他人情緒感受、強烈的安全需求與依賴需要、敏感與情感豐富等。因為陰柔面較重視情愛角色的成功，往往在追求成就動機與內在陰柔特質相衝突時，會選擇為愛犧牲，自我限制其工作成就表現。夢見女性，意味著夢在問你：你有遺忘自我內在那些與照顧他人有關的特質了嗎？

夢見男性，代表陽剛面，陽剛特質主要與工作或目標導向有關，像是勇敢、支配、獨立、粗魯、嚴肅、冒險、具

企圖心、進取、主動等。陽剛特質較重視工作上的成功，時常因為專注追求職場成功，而較少顧慮他人感受，容易將人際、愛情或家庭等關係的重要性置於工作之後。夢見男性，意味著夢在提醒你：與目標導向有關的內在特質。

其實人類本性兼具陽剛與陰柔兩面，讓人能根據情境，有彈性且靈活地展現不同的人格特質，能勇敢果斷、堅忍獨立，同時也溫柔親近、包容體諒。視情況的合宜性而動態調節自身行為，不侷限於單一性別特質的行為表現。從夢中人的性別解析中，能讓做夢者從性別限制中解放，在該表現陽剛特質的時候卽表現之，該展現陰柔特質時則不避諱之，彈性整合與剛柔並濟，才能對壓力有較佳的承受力，也能敏銳覺察別人對自己的關心與愛意。兼具陽剛與陰柔特質者在經營工作上，較能發揮個人最大潛力、較有能力成就目標；在經營關係上，較能形成與維持親密關係，並在關係中獲得較大的幸福感。若以夢中人的性別為分析切入角度，能發覺內心陰與陽的協調狀態，活化自我的不同特質。

夢有時是未能完成事務的呈現。在日常生活中感受到的，但卻未能實現願望或未能完整感受到的感覺，會幻化成夢境浮現出來。夢境中出現的人物都是某個內在自我的投射，尤其是不被「意識我」所接受的人物，可能代表著不被自己接受的內在人格。此時此刻你會夢見他，意味著該誠實面對自我否定的特質。夢中的人物是做夢者的各個面向，若

夢境中有出現人物，可多加探索你對該人物的認識、感受、想法為何。問問自己：「我對這個人的認識是什麼？」「他的個性為何？」「他帶給我的感受是什麼？」「我與他相處時的感覺為何？」「我跟他在個性特質上有何相似或相異之處？」夢中出現的人物往往反映出做夢者的部分性格，而這部分的性格可能是做夢者較疏遠、較隱藏、不想面對或較不輕易顯露的那面。透過上述的問題，可多擴充認識與探索，擴大對自我各個面向的認識、整合自我的不同面向。

夢境裡出現的每一個人物都是內心一小片的自己，若能拓展自我認識的範圍，能妥當收編每一部分的自己。在廣泛的自我認識之後，就能增加對自我的欣賞與悅納，心靈將會越來越富足。

讀懂夢得優先考慮個人經驗，而非符號象徵

如果翻閱解夢辭典，繁多「夢此即彼」的對應解釋，這些解釋都是基於人類的普遍經驗所累積建立的因果推論。若夢此即彼的推論恰好能引起你的注意、恰如其分地說進你心坎裡，這可能就是一個對你有意義的詮釋；若此推論完全對不準你的個人經驗，就請你把解夢辭典的解釋當作是個與你距離較遙遠的趣味說法吧！

我無意否認解夢辭典的重要性，我想談的是夢介於醒

覺日常與迷濛夜晚之間的模糊不確定，夢的不確定玄妙特性很吸引人試圖揮散迷霧以發覺夢究竟指向何方。解讀夢境最迷人之處在於沒有一個標準公式可提供做夢者直接套用遵行。但是，卻有個引路的大方向，那就是情緒。

對夢的感受引領做夢者在夢的茫茫迷霧中照見內在心靈。夢的盡頭，最終都是指向自我。

夢是屬於做夢者自己的個人劇場，內在的心理議題通常會以動畫的方式呈現。很自然的，夢劇場裡的角色當然是穿插做夢者意識裡信手捻來的演員跑龍套，像是你深愛過的、不愛的；熟悉的、陌生的；曾見過的、未意識到自己見過的；傷害過的、被傷害過的等人物登場。其實，說穿了，夢裡的那些人僅是戴著表層面具的演員罷了。藏在那些面具背後的，都是做夢者某個部分的內在自我；而躲在每個象徵物後頭的，亦是做夢者內心某個心理議題的投影。

夢裡頭的這些人、事、物通通齊聚在做夢者個人私有的夢劇場裡隱喻式的演出。夢的核心往往是指向自我內在，而不是他人；而催化夢劇場的寫手是情緒，對日常生活的感受感覺策動夜間的夢劇情走向。所以，自我解讀夢境是讓想像力奔馳在個人經驗裡尋找有點熟悉、卻也有點陌生的自己。夢裡的萬事萬物僅是個象徵，得穿越象徵去發掘隱藏於其後的個人化意義。

情緒是線索，終點是成為自己

夢取材自生活經驗，每個人的夢境細節往往與他人的夢存在極大的差異。夢是很個人化的產物，但夢中隱含的情感與主題卻是共通的。夢境有愉快的、恐懼的；有帶來正向情緒的、亦有渲染出負向情緒的。夢境如同童話故事中慣常出現善惡對立的情節，但是，多數童話故事的結局是美好的，善良終能戰勝邪惡。閱讀夢與閱讀童話故事不同，在夢境中，帶來痛苦的壞人是你、展現良善的好人也是你，這些其實都是源自於你的內在。透過整合這兩部分，才能理解看似黑暗面的陰影雖然令人避之唯恐不及，但陰影是毒藥也是解藥，只要你願意直視夢境中的負面角色，重新看見、擁抱與珍視那個被忽略卻又渴望被愛、渴望被理解的孤寂自我，重新與內在連結，才能讓人完整，心靈才能自然流動。

夢在邀請做夢者擴大對內在自我的認識，才能整合內在自我、成為完整的自己。但是，要成為自己，有時在華人社會中並不是這麼容易達成，輕易地說出口還會招致自私的批評。華人家庭關係緊密，家人彼此之間相依互存，強調家和萬事興，家人之間要互相體諒、相互幫助才能創造更高的價值，為家庭犧牲被視為是偉大的奉獻情操。華人社會推崇家人團結，親情關係緊密等同於感情深厚，也象徵著人生幸福和樂。

也因此，在華人的成長過程中，無論是求學、工作、結婚、生育子女等人生轉化階段的決定，或多或少可發覺家庭的影子在影響個人做選擇。父母為子女設想鋪路是親情的延伸，子女順從父母之意是克盡孝道，「孝」與「順」纏繞在一起。若是子女的自我願望與父母預設的想法相左，子女很容易被冠上忤逆之罪、被指責是不懂事；父母也可能會被評論為守舊、不知變通，造成親子關係緊張對立。長期下來，我們很容易將做自己與引爆衝突聯結在一起，為「做自己」感到罪咎與慌張。為了避免衝突，人也漸漸地不太向內傾聽自我真實的聲音。

　　其實，這些罪咎與慌張的感覺並不是來自於「做自己」，而是本來就不習慣「傾聽自我內在、為自己說話」這些事情，在成長的過程中還缺乏練習傾聽自己的機會。不習慣也疏於練習，直到內在渴求累積成強烈的慾望後，驅動人終於為自己發聲。但是，反過來說，父母同樣也是從未練習過傾聽自己、傾聽子女。雙方若在蓄積情緒張力的條件下對話，衝突易一觸即發。然而，在這些口語衝突的背後，其實是父母不確定子女未來將走向何處的不安全感、子女也不確定表達內在真實聲音是否將會傷害親情。倒頭來，「做自己」與「孝順」不過是個假議題，無論你的身分是父母還是子女，生而為人，我們都得練習傾聽自己的內在聲音。與其向外尋求建議、期望別人給予認可，倒不如捨棄那些背離自

己的方式，返璞歸真地向自我內在探索、傾聽自我。

　　然而，練習傾聽自我內在的聲音，並不是要人往自我內在傾聽之後，再粗暴地向他人疾呼、強迫別人全盤接受你的觀點。而是以理解自己為目標，找到心之所向，在有意識地思考歷程裡擴大內在心靈的自由，以成為自己為終極目標。所以，傾聽自己不是為了要改變別人，而是學著允許自己內在好的、壞的私語都能被意識到，也被讀懂。

　　如果你能讀懂自己內在的真實聲音，就會產生一種「喔，原來我是這麼想的」頓悟感，此頓悟感伴隨著允許與寬容，而不再緊守嚴苛的自我設限。心靈的高度讓你自然而然地讀懂他人內心想法，而允許他人有不同意見，寬容別人的行為。

　　傾聽自己、讀懂自己後，湧現的允許與寬容感，能讓彼此溝通更加順暢。

　　人一生當中，有三分之一的時間都在睡眠；所有的夢都不會空穴來風，要練習讀懂自己，最有趣的方式就是自我解析夢境，解讀夢境就是練習讀懂自己。夢的神祕、難以捉摸，有時又帶點巫噬般的詭譎，都是內在自我的幻影。帶著理性與感性的腦袋去澄清夢境的意義、統整夢境的訊息，並將此訊息與自我狀態連結，能增進自我覺察與落實於生活中。

讀懂夢
從夢境與香氛中傾聽自己　　... 130

遇見你以前未曾認真注視的自己

　　藉由讀懂夢境的隱喻來傾聽自我，除了佛洛依德、榮格等人的方式之外，其實還有許多心理學家亦有提出解析夢境的其他角度，像是完形心理學家波爾斯（Perls），他認為夢代表著做夢者心理未完成的事務，夢中出現的人事物都是做夢者自身一部分的投射。與其說是解析夢境的象徵意義，倒不如說完形心理學派更重視從「做夢者與夢對話」中找到意義。具體的方式就是透過角色扮演，讓做夢者時而扮演白天醒覺的自己、時而扮演夢中的某個人或某項物品，讓兩者相互對話，以頻繁的換位思考來尋找夢的意義。

　　以角色扮演的方式與夢對話，能幫助做夢者清晰夢中人或物所承載的隱藏意義。相較之下，波爾斯就不是那麼在意夢的集體潛意識之象徵意義，反而較偏重理解夢所指涉的未完成遺憾為何。也就是說，一切經驗現象都具有共同存在的「完形」特性，一個人要能完整，必須整合自身的所有感覺，才能完形。因為未流動的感覺會蓄積，尤其是懷念、遺憾、悔恨、罪咎、憤怒或哀痛等負面情感，若長存於心就是個未完成的遺憾，形成生命裡的未竟事務，未竟事務不具「完形」特性。若不去理解與看見未竟事務，心理議題將無法紓解與劃下句點，使人僵化與破碎。與夢中人事物對話，理解內在自我想訴說的話語為何，就是發覺未竟事務的方

式。一旦聽懂了，這些不見天日的幽暗面將轉為光明，塵封的未竟事務能被完整，做夢者的心理議題也才能完形。

從完形心理學的觀點來看，夢裡的人事物很有可能是因為我們內心需要，因而創造出此一角色。這個角色代表著未竟事務想說的話，夢在引導做夢者補充對自己的看法。舉例來說，夢見一個很有事業心的朋友來家裡談創業，自己卻在浴室扶著快掉落的衣架，感覺既緊張又煩躁。夢中的各個部分都是自我內在的投射，與夢對話能看見自己內心所否認的或拒絕去接觸的需求。具體的方式是與夢中的角色相互對話，這其實也就是讓你內心的兩股聲音彼此對談。在此例子中，邀請來談者輪流扮演「具事業心的朋友」以及「自己」兩種身分角色，透過角色互換的方式讓兩人對話以理解彼此立場。

夢中那位具事業心的朋友，其實代表著做夢者內在想變得更勇往直前的象徵意象；而夢裡扶著搖搖欲墜衣架的自己，則象徵著做夢者在自我空間不安地支撐著看似穩定卻螺絲有點鬆脫的現職。反映出做夢者有心想做出改變，但又有些貪戀持續待在舒適圈的自在感覺。更深層的是，做夢者擔心一旦自己朝向積極的創業過程，會被突如其來的繁雜事給阻礙，甚至預期自己會很煩躁。想成功也害怕失敗，同時，擔憂改變卻又厭煩自己一成不變。換句話說，朝向積極進取是他，不安於固守的也是他。夢在提醒做夢者，需要讓這兩個部分的內在自我相互對話，理解兩方各自的立場與煩憂，以釐清自己的態度究竟

為何，才能決定人生該轉彎還是繼續前行。

如果你的夢境出現兩人以上的人事物，則可先站在夢中單一物件或某一人物的觀點重述夢境，可以優先選擇從最感興趣的角色開始，再慢慢位移到最困難的、最疏離的角色。體會這些角色具有你所投射出的哪個面向，澄清意識之外的意義。甚至可以讓兩個以上的角色彼此對話，理解與整合自己內在的不同部分。

其實，我們的內在都住著自我的好多部分，卻因為生活的種種條件壓縮，因未能如實呈現自己，而形成未完成的遺憾，蓄積為情緒的結。那些沒有被看見的情緒結，像是悔恨、焦躁、悲傷、低自我價值等感受，會在心裡幽暗處不停擾動著，幻化成夜晚的夢境來提醒做夢者。一旦當你鑽入夢境裡的某一角色，藉由扮演而理解其真實感覺時，會因為理解自我而與自己的關係更靠近。

閱讀夢是為了整合內在資源以自我成長

人傾向一再再體驗相似的事件，潛意識需要不停推動人遭逢類似困境、重複近似主題的夢，直到人接納與放下為止。白天壓抑的事件驅動意識感受到哀傷失落，在夜裡便溜進夢中喚醒做夢者。如果我們能夠開始看見夢裡所指向的恐懼源頭，就能讓恐懼在被理解中消失殆盡。

夢並非全知全能，畢竟是來自每個人的內在心靈的感受，可能會有些偏頗，問問自己「夢傳遞出的主要訊息是什麼？」「夢與我現在生活的關聯是什麼？」「這個夢最想提醒我的是什麼？」「夢指出哪部分是我未發覺的？未改變的？抑或是有能力改變的部分？」藉以為自己創造出全新的理解。

　　推動夢境產生的潛意識與清醒時的意識不同，夢境的開端通常與自我的盲點有關。練習心理位移，是自我解讀夢境的必要條件。面對混亂更需要凝視內在的自己，閱讀夢境是想像的旅程，醒來後體驗到自己想要的自由，不再感到被決定。若無法逃離現況，卻能在夢中滿足慾望後得到力量來面對現實。若夢境令你感受到痛苦難受，請試著欣賞其中的悲劇特性，噩夢提醒著我們不能再持續過分簡化日常生活事件，該用更嚴肅、更珍惜的角度看待自己的生命，將負面的焦慮淬鍊出積極意義。

　　自我解讀夢境的最後一步就是將對夢的理解轉化成實際行動。將夢的意義帶入日常生活。例如：將夢中的體會寫成幾句話的短籤，把短籤放在書桌提醒自己；或是畫下夢境，使之成為一幅富涵意義的畫作，掛在家中顯眼之處，以暗示自己未來想要的生活為何。解讀夢境是一種自我幫助的技巧，能對自我心靈的全面理解，接納自己隱藏的部分，真實生活的停滯便會在無形中消融，變得更能在生活中愛自己。

然而，有些生命的議題真的很難解，要從中掙脫需要花費一段時日的淬鍊。但是，自我解讀夢或許能鬆開某處心結，光是鬆開心結就能帶來希望，就能撐開改變的空間。自我解讀夢也不是只停留在情感層次的理解與流動，要帶來有意義的成長，必須覺察後擁抱感受，再逐漸轉向理解內心深處的渴求是什麼。解讀夢境同時也包含著整合內在資源、邁向改變。

　　你可以慢慢改變，但不能逃避選擇。

　　改變，是急不得的。人的成長是一個連續過程，企圖阻擋不愉快的痛苦經驗，就像情緒拼圖少了一小塊，感情閉鎖，離真實的自己越來越遠。心靈的平靜不是藉由漠視隱匿心中壞的、惡的部分，而是對於內在的良善罪惡都能加以洞察，並涵容接納真實的自我。

　　心中被忽略的聲音，會一直對你吶喊著，要你聽懂。聽懂，就能帶來解決的契機。如果無法改變，至少有勇氣看見自己在意識層面逃避了什麼。或許，無法立刻採取改變的行動。但最重要的是，至少你聽懂了內在的聲音，就能充分感覺到所有的情緒，像是拼拼圖般，一片又一片地形成完整的自己。

　　成長的道路不可能一路順遂，但總會在起起伏伏中看見契機，人是在曲折中學習成長。只要讀懂夢的隱喻，你會重新拾回被遺忘的自我。

第六章

讀夢與芳香療癒

　　在每個人的內在心靈裡都有個幽微角落，裡頭待著自己還不是那麼熟悉的部分自我。日落後，夜晚的夢照亮了內在心靈的幽微處，讓潛意識潛藏的部分自我成為主角躍上夢境舞台，展演一齣齣做夢者自身最該讀懂的舞台劇。要讀懂夢劇場，可運用上個篇章中提到自我解析夢境的技巧。其中，若是自由聯想的內容太過貧脊，將會阻礙做夢者的夢境推論；反之，越是能藉由夢境促發較多深刻的自由聯想，越是能提供豐厚的個人化意義資料，也越是有利於詮釋分析夢境的隱藏訊息。

　　當白天壓抑的情緒過多或累積繁多意識尚無法處理的內容，潛意識便會在夜間的夢裡進行重整。在這個篇章裡，藉由分享三個夢境分析的案例，以供自我解讀夢境者參考。當然，每個案例的背景資訊皆經過適當程度的改編。

　　在每個案例的夢境分析裡，蘊藏著夢揭露做夢者童年時期未被滿足的慾望、白天時殘餘的遺憾以及特定強烈情感。每個案例皆由做夢者講述夢境開始，再談「做夢者的自

由聯想」、「做夢者的推論」。之後，再從心理師的觀點與做夢者對話，提出「心理師的建議」，而此心理師的建議充其量不過是一種角度的切入，心理師的分析不是武斷的，而是把聽到的內容重新組裝後，再邀請做夢者核對。最貼近夢境的詮釋應該是來自做夢者的自我解讀，只有你自己的詮釋、你自己的推論，才是最貼近與最適合你自己的。

在每個夢境解析案例之後，依個別做夢者的特殊性提出「推薦的香氛精油」，是基於情緒與身體平衡能使人恢復自癒力的觀點，香氛精油所帶來的宜人香氣，是藥物所無法具備的。從地球、植物與人的歷史淵源來看，地球存在約四十六億年；從二十億年前，能進行光合作用的海藻生物開始，地球始有氧氣；三億年前出現裸子植物，像是松科與柏科植物，其後出現被子植物、草本植物等；而最早誕生的智人約在二十萬到四十萬年前。

換句話說，植物比人類還早存在於地球上，植物也比人類更能適應地球環境。況且，自有人類以來，人卽生長在植物環境中。從三億年前開始，植物便具有自我保護與自我治療的功能。從植物所萃取出的香氛精油，蘊含著每種植物自身特別的生長能量。此外，植物所萃取出的香氛精油具有複雜的化學分子，亦可作爲芳香療法之用。藉由嗅覺神經元紀錄氣味分子的功能，使香氛成爲做夢者內在支持的底蘊，乘著芬芳馥郁的香氛給予做夢者祝福、帶給做夢者力量。而

香氛帶給人的氣味感受非常主觀，本書所推薦的香氛只是種示範，使用前得先進行過敏測試或詢問專業芳療師。

　　你可以一面閱讀著書中案例，一面核對著自己的生活、與自己對話。雖然，每個人都有各自的故事、私有的難題與獨特的精彩。書中案例的夢境內容、人物背景絕對不可能與你的生活一模一樣。但是，撇除夢境虛幻的故事內容，我們每個人即使身在不同的處境裡，都有著共通的情緒感受、類似的人性觀以及相同的快樂與苦痛掙扎，這些都是能參考對照的，閱讀別人的解夢故事說不定能補綴些你對生命意義的看法。

　　看看別人、想想自己；想想自己又看看別人，在他人與自己之間來回穿梭對比。若你能深深體會書中案例的感受感覺，或許你就能理解自己是多麼特別的存在。

案例一：有聽沒有懂

做夢者：女性，已婚，五十歲，助人工作者。

夢境描述：

　　結束平凡無奇的一天，日復一日像個機械人一樣上下班，這樣的工作生活已二十年了。在回家路上，想著今天的助人工作，一股心好累的感覺湧出。回想今天一整天的工作，我幫好幾個個案協尋資源，教他們怎麼使用這些資源，

讀懂夢
從夢境與香氛中傾聽自己　　... 138

鼓勵他們改變。就像是俗諺說的，我不只給他們魚吃，還教他們釣魚，甚至連魚竿都擺在他們面前，拜託他們使用了。但是，這些個案卻無動於衷，甚至有些人還擺出一副與我何干、事不關己的樣子。我雖然面帶微笑，心中卻是很無力。

　　以前覺得能幫助人是件很愉快的事，回想起過去拜訪個案時的趣事，像是騎車到偏鄉，被路旁溜竄出的蛇嚇到差點摔車、問路問到警察不放心我一個人去訪視個案而主動熱心陪同、熱情的案家送自產的農產品等，這些種種往事都好有趣，不像是今天處理的每個個案都好難溝通。我鼓勵他們獨立、協助他們走出低潮、教他們如何盡責，他們看似欣喜我的介入，卻總是有滿滿的拖延藉口。這一切，讓我的身體與心理都感到疲累，我懷疑自己是個差勁的助人工作者。

　　當晚，我夢見我在跟伴侶說話。夢中的我很努力告誡伴侶他需要做到的改變是什麼。我很理性地條列事項，扯開嗓子一項一項地指出對方該改變的缺點有哪些項目，而具體做法為何。我在夢裡的樣子是很堅定、很理性、很有邏輯的。我看見伴侶一臉真摯，張大眼睛、側耳傾聽，還不時點頭認同。他誠懇傾聽的表情鼓舞了我，我更起勁地說得更多。我越說越多，說得滔滔不絕、意氣昂揚，伴侶臉上卻開始出現困惑的表情。

　　我閉起嘴巴，仔細地看了看對方，才發現他是用受傷的耳朵在側耳傾聽。是中耳炎，耳道裡塞著紗布，不仔細看

是不會發現的。我心頭一揪，原來你耳朵受傷了，而我卻視而不見你的傷。

我有些心疼地問他：「耳朵會痛嗎？」

他說：「我已經習慣了。」

他的回應讓我很難受，夢裡的我眼眶紅了。

做夢者的自由聯想

他的回應讓我很難受。我感到內疚。

他很認真在聽我說話，但是我沒有注意到他的耳朵受傷，他的聽力有限。

他聽到了。但是，是耳朵在聽，內心卻沒有懂。

他是在意我的，只是他現在沒有辦法做到我的要求。

不是我的問題，也不是他的問題，是時機未到。

我該慢一點。

做夢者的推論

有時候我很費力地一直在重複陳述我認為正確的事情，當對方不去執行時，我就冒出「是他的錯、我不夠好」的念頭。夢在告訴我，對方不是聽不懂，也不是不想改變，而是他聽到了，他也聽懂了。但是，目前就是沒有辦法做到。我需要的是耐心，閉上嘴巴，用心陪伴，等待成熟的時機到來。

心理師的建議

　　身為助人工作者，有時也會感到茫然。積極努力的你認為工作有進展是理所當然之事。但是，助人工作特別的是，工作效能常被誤以為與個案的進步有些關聯。你將「不能失敗」的內在焦慮投射到他人身上，盼望每個個案都能過上更愉逸的生活。夢中的你很理性地條列事項，滔滔不絕地訴說，這反映出你企圖使用理性語言來修正錯誤，在與人溝通時你經常透過說理的方式來使對方明白。你是個嚴謹不懈的人，相當用心負責的為工作付出，看見個案的困難會傾全力竭盡所能幫助。

　　但是，試著思考一下，如果兩方在生活背景與個性特質皆不同的條件下，若要達成溝通的目的，是激昂地說服對方有效呢？還是先試著理解對方的想法比較好呢？夢指出你的理性說服已盡力，但能促進有效溝通的前提是相互理解。如果有機會，你會期望怎麼被聽懂呢？或許，你期望被理解的方式，正是對方也需要的。

　　在改變之前，我們都需要先探索自己要什麼、希望被如何對待。當理性的語言無法進入聽者耳中、化為行動力時，有一種可能是因為對方內在尚有未被撫平的傷口，無法從內而外產生動能去做出改變。對方可能就是在某處跌倒了。那麼，在哪裡跌倒，就在那裡躺下休息一下吧！或許得需要先理解對方的難處在哪，之後，再動之以情、說之以理。

夢中的伴侶耳朵受傷了，仍不畏病痛聆聽著你的言談。這段落有三個值得探索的項目，分別是伴侶、耳朵生病與傾聽。夢中的「伴侶」個性較為溫和、傾聽與耐心，這象徵著你的部分內在心靈，你也是有如此溫順的特質，夢在提醒你：別遺忘那個溫和傾聽與耐心等待的自己。夢中理性的你與「耳朵生病」的伴侶對話，這是個很有意思的象徵。有時真相太沉重，人會摀住耳朵，假裝聽不見事實，以躲避該負起的責任。在沒有促發內在動力以前，人有時是不願意聆聽真相，也無動力做出改變。除非，人能夠在真實面對自己內心的創傷、在心疼自己之後，因為不捨得自己繼續受苦而做出改變。夢在問你：當你心中那位溫和耐心的我無法展現時，反映著現在的你內心需要被療癒的是什麼？而又是什麼阻礙著你傾聽呢？

　　溫和耐心的你似乎被工作中的繁雜事情勒得緊繃，變得逐漸遺失溫緩的步伐，急促地要對方改變。你在夢中觀察到伴侶耳朵受傷，後來才得知是中耳炎，夢指出已有一段時日是帶著傷生活。要聽懂之前，得先治好耳疾。但是，仔細想想，中耳炎並不是絕症，雖然可能會反覆發作，畢竟是會痊癒的病。這隱喻著你潛意識中擔憂重現「反覆救援」的焦慮，你也擔心自己被拖累而毫無進展。因為擔憂未來，變得態度更激進、腦袋也更理性，處事就越著急。

　　也許某些人生習題，沒有標準答案，也沒有待處理清

單。當你停下來、不慌亂時，才能澄明現象、看見對方真實的樣貌，也才能有空間覺察自己。尤其是在人與人的關係中，越是著急地想掌控，越是難以在過程中發現彼此相處時的美好。你是你，他是他。夢在提醒你：若能成為令人感到放心的力量，而不急著評論或指正他人人生，「反覆救援」的焦慮就會在無形中溶解。

你該停下來了，將「著急的自我」與「溫和的自我」相互整合，用溫柔的堅毅陪伴自己。建議你，慢下來，好好呼吸、細膩品嘗每一口食物，在匆忙的生活中記得抬頭欣賞路途中平凡的美景，回家後洗個暖呼呼的熱水澡，喝杯溫熱的飲品，每晚睡前感謝自己如此努力、如此美好。好好善待自己，活在當下。

偶爾讓理性的腦袋暫停一下，以柔軟溫和的心等待，停留的時候看看不同層面的自己、他人以及這個世界。

讓溫柔又堅毅的陪伴成為推動幸福的力量。

推薦的香氛精油：花梨木（Rosewood，學名Aniba rosaeodora）

花梨木產自南美洲的熱帶雨林，樹種珍貴稀少，木心帶著些微的玫瑰紅色，氣味兼具堅毅的木質香氣以及輕快淡雅的玫瑰花香。能帶給人溫柔、慈愛與堅定的感受。花梨木適合使用於內心焦躁又疲憊時，可讓飛馳躁動的腦袋停下來，平緩情

緒，調節壓力荷爾蒙，並給予自己內在穩定的支持。在香氛的激盪下促發愛與希望的感受，也能消除情感枯竭的困頓。在內心溫暖豐厚下，重新開啟與自己、與他人的連結。

推薦的香氛精油：松針（Pine，學名Pinus sylvestris）

松針香氛的氣味清涼提振又帶點香脂味，讓人彷彿進入充滿芬多精的寧靜森林裡，振奮精神又放鬆心情。深深地嗅聞松針香氛能調理呼吸，平息怒氣與免除內心煩悶，安撫鬱悶心情，釋放負面情緒。且能丟掉自責與增加心靈的流動，使僵固沉重的情緒得到撫慰，產生自我接納。

推薦的香氛精油：真正薰衣草（True Lavender，學名Lavandula angustifolia）

薰衣草是很常見香氛，是使用精油的入門必備款，也被稱為萬用油。薰衣草被廣泛運用於生活用品當中，像是入浴劑、清潔劑、皮膚保養品等，其最為人所知的功效就是讓身心恢復平衡。薰衣草依品種不同，常見的萃取精油品種有真正薰衣草、醒目薰衣草、穗狀花序薰衣草，用於精神層面的香氛以真正薰衣草較多。真正薰衣草能放鬆心情，安撫疲勞，消除慢性焦慮，讓人內心感到自在和諧。真正薰衣草香氛使用於情緒層面應以低劑量為原則，劑量過高會太刺激中

樞神經而無法達到放鬆效果。

推薦的香氛精油：快樂鼠尾草（Clary sage，學名 Salvia sclarea）

快樂鼠尾草的英文名Clary有明亮淨化之意。由於快樂鼠尾草的種子曾用來製作眼藥水，又被稱為清澈之眼，隱喻著能幫助人更清楚地看見自己。快樂鼠尾草氣味較渾厚沉穩與強烈，帶點濃郁的茶葉香氣，使人感到愉快與放鬆，能對抗壓力帶來的緊張與窘迫感，使無氣力的內在得到撫慰。當內在抑塞鬱結時，快樂鼠尾草能為心靈增添一抹綠意，給人歡沁幸福的振奮感受。須注意快樂鼠尾草具雌激素作用，懷孕期間勿用。

案例二：整合自我的各個面具

做夢者：男性，二十五歲，大四學生，焦慮症患者。

夢境描述：

我從高中開始就自己一個人祕密地去精神科求助，因為我心裡非常清楚知道父母是不可能接受我心裡有病，他們時常邊看著電視、邊刻薄地評論那些得憂鬱症的人就是過太爽、得到恐慌症的人都是爛草莓。父母冷嘲熱諷心理疾病患者只會躲在病名背後無病呻吟。他們把心理疾病患者批評得一文不值，還得意洋洋地說他們以前生活多困苦，還不是靠

自己捱過難關。我聽完後當然不敢向他們坦承我得焦慮症的事情。我以前常因為各種大大小小的事，像是考試成績不理想、被同學排擠等而緊張萬分、焦躁多慮、心情低落。有時還會焦慮到頻頻撞牆、偷偷在衣物遮蓋住的身體部位割劃傷痕、止不住的流淚、狂扯頭髮。最嚴重的時候，還會拔睫毛再吞嚥下肚。

我女友都知道我的狀況，我們是高中同學，當時是她鼓勵我去看精神科。回想當時，我為了隱藏去看精神科而做的事情還真搞笑，有時為了出門就醫，還要向爸媽瞎編一大堆理由，圖書館念書、打籃球、拿作業啦，一堆有的沒的藉口。拿到藥之後，我還得在診所外面將藥分裝進藥盒，並在車站丟掉藥袋，深怕被爸媽發現。我以前進家門前，還會焦慮到多次打開背包檢查自己是否已經確實將藥袋丟棄。想當然爾，這些藥當然要藏好，也要躲起來偷偷在房間服藥，絕對不能被家人發現。

這樣看精神科、藏藥、偷服藥的祕密活動大約私下進行五年吧！大學即將畢業的某天，我回家跟爸媽說我畢業後仍然要繼續在外租屋與工作。爸媽氣極了，怒指我浪費錢，他們要我畢業後先搬回家裡住，未來的工作最好也在居住地所在縣市就好。一想到他們要我搬回家住，我壓抑許久的情緒終於崩潰了。我不想回到以前那種隱忍的生活，我再也不想忍受他們了！他們都不知道這幾年來我因為焦慮症所受的

苦，我為了治療焦慮症而獨自一個人做那麼多祕密行為。那天，我拉起衣服，逼他們看我身上隱藏多年的刀割傷痕，我崩潰地吼叫撞牆，憤怒地指控他們是失責的父母。爸媽很震驚，非常自責讓我痛苦如此之久，他們哭著承諾會改變。

當晚，我夢見爸爸、媽媽、爺爺與奶奶四個人一起踢足球，他們就是快樂地在追逐球、搶著踢球，是那種踢好玩的，不是嚴肅正規的足球比賽。他們四個人就是單純的笑鬧、追著球跑。夢裡，綠草茵茵、晴空朗朗、風和日麗、涼風徐徐，看似是夏天，卻一點也不悶熱，感覺很涼爽、很舒服。我沒有下場踢足球，我只是在旁邊吹著涼風觀看他們四個人歡樂的踢球。我覺得好放鬆又超級好笑。一群老年人在踢足球，還不幽默嗎？

隔天夢醒後，因為這個夢讓我心情好愉悅，內心有一股久違的輕鬆感，彷彿回到童年那段毫無壓力的年紀。以前，爺爺奶奶都還活在這世界時，他們非常寵愛我。可能是因為我還沒上學的緣故吧，沒有成績表現等被評價的要求，那時的我最能感受到來自長輩們最單純之愛，就是愛我，沒有任何理由、沒有任何要求的那種純粹之愛。雖然昨晚才跟爸媽坦承我的過去、我的焦慮症。睡前的爭吵彷彿就像是經歷一陣暴風雨，而夜間的夢則為這陣暴風雨帶來寧靜，夢醒後反而有種被雨水洗滌過後的平靜舒心之感。

做夢者的自由聯想

踢足球。四個長輩一起踢。我看他們踢，我很快樂。

爸爸，講話很酸卻也很幽默，跟我個性滿像的。

媽媽，溫柔體貼，最能令我放心說話。

爺爺，已過世。全世界最照顧我的人，時常給我錢，怕我餓肚子。

奶奶，已過世。脾氣最好，最期望我出人頭地。

全家凝聚，很快樂。我不參加足球活動，旁觀也可以很快樂。

做夢者的推論

那顆足球會是我嗎？我把我心裡的祕密說出來了，我原本以為這個祕密會像炸彈一樣引爆，結果只像是往足球場裡丟一顆球罷了，根本不是炸彈，也沒有引爆。會不會是我將求助精神科當成是羞恥的祕密，誤以為讓父母知道我就醫的事情會像是引爆炸彈一樣，炸傷自己也炸傷全家人。原來，我以為是核彈等級的真相，其實對父母來說，不過是一顆毫無威力的小足球而已。說出來後，全家人快樂的踢球，而不是躲避我。

我以為我會被父母出征檢討責罵，結果，他們反而是自責與心疼我。我其實沒有全面認識父母、看清楚事情，我的焦慮會不會就是這樣來的？都是我自己在亂猜亂想，才會

越想越焦慮呢？

　　我需要的是平靜，摘掉有色眼鏡再來看事情。

心理師的建議

　　夢中出現自己是很常見的夢境。一般來說，「夢見自己」代表的是做夢者的「夢中自我」與「現實自我」不太一致，反映出做夢者對「自我的多個面向」之了解可能過於扁平與偏頗。循著這個觀點來思索，你夢見自己正在觀看家人踢足球，夢境裡的那些家人都可能代表著你部分內在自我的投射。在夢中，你透過觀看而感到幸福，夢提醒著你：該以全新的視角去看自我狀態，才能看見完整的自己。

　　在做這個夢之前，你一直認為自己的焦慮症是源於父親的偏頗立場與負向語言所造成的創傷，為了維持好兒子的角色而隱藏焦慮情緒，以割身體、拔頭髮等自我傷害行為來轉移焦慮以及進行自我懲罰。為了維持「好」的角色，就得逼自己不斷朝向光明面，成績要更好、人緣要維持、不能被發現精神有狀況。這麼說來，其實不只父母期許你得表現「好」的那一面而已，似乎連你自己也不允許自我「壞」的一面出現在人前，把不夠好的部分藏在心靈深處。被壓抑的焦慮與恐懼蓄積在心中，累積成鬱結轉移到身體上，而出現割身體、拔髮、吞毛異食、撞牆等自我傷害舉動，藉由痛感來釋放身心高張的壓力。

其實你是很在意家人，但又很孤單無助。因為不確定向家人求助的後果為何，最後選擇自己隱忍，一個人寂寞地承接所有的苦與壓力，這反而讓你越來越焦慮，與家人關係越來越疏離。因為這個夢，你聯想到焦慮會不會就是來自於自己在亂想才發生的？或許你說的沒錯，焦慮有時是來自於幻想所衍伸的恐懼，幻想事情會落入最糟糕的狀態，而最深層的焦慮通常都是根源自關係。

　　就好比是孩子往往不是擔心考試成績不理想，而是擔心因為考差而得不到父母的認同，尤其是被最深愛的家人否定，被父母拒斥帶來的挫折感深深傷害孩子的自尊。如果父母能在孩子受挫時，堅定如一地表示我們自始自終都是毫無改變的持續愛你、認同你，孩子的焦慮就會放鬆下來、得到舒緩。可惜的是，父母以愛為名的教養子女，很難不設立標準，也很難不去冀望子女變得更好。

　　有時，事情沒有絕對的對錯標準，而是雙方站在不同的立場去看同一件事，難免會出現相左的價值觀。當父母在言談中透露出對心理疾病患者的輕蔑，你聽見了父母的言論，內心默默形成不能向他們說真話的印象，擔憂自己若表述與父母不同的價值觀立場將會被質疑、被拒斥，甚至被認為是不夠好的兒子。為了不讓他們失望，於是你更加努力於課業，甚至奮力自救，自行求助醫療，獨自調理身心。特別的是，當你向父母坦承這幾年獨自對抗心理疾病的痛苦後，你做了這個夢。

在這個夢裡，有顯而易見的人際連結元素，你夢見了父母與祖父母。夢境裡每個家人的特質、彼此之間的關係都具有值得注意的象徵意義。因為，那都是一部分的你。你說「爸爸」說話幽默；「媽媽」溫柔體貼、令人放心；「爺爺」最關心你的金錢與食物是否充足；「奶奶」好脾氣，最期望你出人頭地。你對他們的自由聯想，反映出你與他們相處的過程中，你是如何被對待的，以及他們影響你的部分為何。夢裡的家人，其實都是你部分個性的投射，你從他們對待你的方式中過濾出你的自我概念。

整合來說，你知道你自己有部分的個性幽默（像爸爸）、溫和體貼且令人放心（像媽媽），你也期許自己未來金錢無匱乏（爺爺的期待），且能投入有意義的工作（奶奶的期待）。而祖父母與父母四個人都在夢裡踢足球、追逐著。追球這個動作，代表著夢裡每個部分的你都想要重新體驗失去的童年。夢在提醒你：你還記得小時候的你是多麼無畏、多麼勇往直前，又是多麼的活在當下嗎？該把這樣的你找回來。

夢境劇情有時會毫無邏輯，出現不符合現實的怪異情節，像是過世的祖父母身體硬朗得一同踢球。這是個重要訊號，當夢改變現實邏輯，就是利用不一致或前後矛盾的特性來傳遞重要訊息。生活中唯一不變的是變化，不合邏輯的夢境在提示做夢者事實並非眼睛所見到的表象。也就是說，夢見「年長者身體靈活行動」此類型不合邏輯的夢，是為了向做夢者指

出不該再繼續採取一成不變的立場去看現實生活，也不該將現實生活中的事件全都視為理所當然。夢在告訴你：眼見「不」為憑，你該用心去真實觀察與感受，而非用刻板印象。

另外，當你向父母坦承自己的心理疾病病史後，當晚便做了這個夢，這個夢聽起來是很正向愉悅的夢，夢裡的輕鬆感延續到夢醒後還持續著。在夢中，你感覺是輕鬆自在、無憂無慮。這可能具有兩種夢隱喻，其一，夢指出在你的真實生活中，許多的憂慮都是杞人憂天；其二，夢反映出你從根深蒂固的個人議題中獲得解脫與寬慰。夢裡的輕鬆感其實是在告訴你：別再杞人憂天了，你困擾多時的煩憂已獲得解脫了。

人生是段旅程，夢裡若出現移動，無論是開車、騎車或運動，各種移動的方式都是在隱喻人生旅程。夢見足球賽象徵著人生將何去何從，觀看夢裡這場足球賽帶給你的感受為何呢？夢裡，你看著祖父母與父母四個人嬉笑追逐球，每個在踢球的人格都該整合進你這個人之中才完整。夢隱喻地在提醒你：你內在的各個部分該團結整合，他們要去哪？從何處出發？現在又在哪？而未來究竟該何去何從？在夢中，你是個觀看者，觀看著自我的各個部分的整合。夢中的爸爸代表著幽默、媽媽代表著溫柔體貼、爺爺代表著生活富足、奶奶代表著有意義的工作。夢其實也在提醒你：你可以放輕鬆地去接納各個部分的自我，以達成自我實現。

但是，雖然可以放輕鬆去進行自我整合，可別就此逃避

面對人生最重要的議題，那就是在整合內在各部分的自我之後，整體的自我該往哪處去呢？這問題值得適逢畢業階段的你審慎思量。有時候，夢境指出一個該思索的方向，卻也留下更多待回答的疑問。若你接受了夢的暗示，你將能在日常生活中展現潛力，能對自己充滿期待。換句話說，「整合各部分的自我以成為完整的自己」是夜晚的夢指出的方向；「該如何成為自己」則是你得在白天日常生活中該努力的目標。

以前的你，辛苦了！獨自撐著，盡最大努力表現出能被大家接受認可的那一面，卻轉身在暗處自己吞下焦慮與恐慌，直到內心承受不住時，用身體的痛取代心裡的苦。這一路走來，你其實很嚴苛地在對待自己。當父母知情你的委屈，他們自責與心疼的神情讓你們彼此的心更靠近，你也解放了禁錮的自己。這段艱辛的過往似乎已在彼此相互理解感受裡畫上句點。

這場夢在向你揭示，此時此刻的你心情已轉變，內心深處已不需要再沉溺於過往的憂鬱與焦慮中。即將畢業的你，該整合內在風趣與體諒的自我，並朝向有前景的職業選擇。你，該走向未來了。

推薦的香氛精油：杜松果（Juniper berry，學名 Juniperus communis）

杜松果的名稱常被誤以為是莓果類，其葉外觀細如針

也常被誤認是松科植物。杜松其實是柏科植物，而杜松的果實也非莓果，是毬果。杜松果可用於燉肉、製成琴酒、利尿茶等；在歐洲古老的宗教儀式中，時常使用杜松作爲驅魔避邪之用，杜松用途極廣。杜松果氣味溫暖強悍又帶點清新，蘊含淨化繁雜之意，能洗滌疲憊的心靈、消除恐懼。驅除伴隨壓力所產生的負面思考，過濾深植於心中的憂慮，使人回復平靜的思考能力，並提升內在勇氣。

推薦的香氛精油：沒藥（Myrrh，學名 Commiphora Myrrha）

沒藥是中藥的一種，亦可用於祭祀。兩千多年前，沒藥已常被作爲祭祀熏香、芳香劑、防腐劑與止痛劑之用，運用層面極廣。沒藥香氛取自於沒藥樹幹上的裂口所流出的樹脂，樹脂是爲了覆蓋裂口，流出後凝固成不規則狀的棕紅色塊狀物，將此塊狀物蒸餾後則可萃得沒藥香氛。也因此，沒藥具有深沉修復自身力量的隱喻，能穩定內在心神以做出愼重決定，平穩躁動情緒，當感覺脆弱時能帶來力氣，培養耐心，讓自己沉靜。

推薦的香氛精油：熏陸香脂（Mastic resin，學名 Pistacia lentiscus）

熏陸香樹主要生長在地中海型沿岸的炎熱之地，熏陸

香樹枝可作爲牙籤之用，樹脂可咀嚼以保持口腔清潔與助消化，氣味蕭瑟辛香與內斂。熏陸香樹脂呈現清透澄明的水滴狀，帶有空靈清透之感。熏陸香樹佇立在不毛之地，就像是年長者般沉穩的存在，具有默默守護且堅毅給予力量的隱喻，能在關鍵時刻予以剛勁支撐。熏陸香樹脂香氛用於精神層面能促進思考流動，使人不鑽牛角尖，解開鬱結的腦袋，帶來樂觀積極的態度。

推薦的香氛精油：歐薄荷（Peppermint，學名 Mentha piperita）

薄荷的學名是從希臘神話中妖精蜜絲Mentha而來。在希臘神話故事中，蜜絲是冥王黑帝斯的外遇對象，因正宮的忌妒而詛咒蜜絲變成薄荷，使她喪失美麗的外表。冥王不敢違抗妻子，因同情而賜給蜜絲特殊香氣，使其雖無吸引人的外貌，卻仍具清新明亮氣味以引人靠近。歐薄荷是水薄荷和綠薄荷的雜交種，屬於根莖繁殖，植株矮小卻有強大的拓展能力，蘊含強韌的療癒力量與源源不絕的新生之意。歐薄荷香氣清雅中又帶點涼感，能讓憤怒浮躁心情沁涼穩定，亦能提振萎靡的情緒，達到醒腦、集中注意力與激活停滯步伐的感受，能促使心力交瘁者產生向前邁進的勇氣。在使用上需注意睡前勿用，以免精神過於醒覺而失眠。

案例三：愛自己

做夢者：女性，三十多歲，已婚八年，家管。

夢境描述：

我讀大學時就認識我先生了，他年長我十歲，我們在朋友的聚會中認識，他對我一見鍾情，花心思安排浪漫約會，苦心追求我許久，我才答應與他交往。回想當時，我覺得自己滿溢著被愛的幸福感。我先生他高職畢業後就開始工作，他非常有能力，也很疼愛我。像是在交往時，他得知我與室友相處不睦，就立刻幫我在學校附近租屋，房租費都是他付的。我不太擅長與人打交道，或許是個性比較嬌氣吧，我不喜歡為了遷就別人而委屈自己，更不喜歡說些虛情假意的話，所以很容易跟朋友一言不合就嘔氣決裂。我不可能先低聲下氣求和以化解衝突，也不會主動約朋友，久而久之與朋友們就漸行漸遠。別說推心置腹的閨密，我連一個能聊天的朋友都沒有。

我先生就很不一樣，他這個人很和善樂天，做事又圓融。他很會哄我、逗我笑、遷就我、幫我打點事情，無論我怎麼生悶氣，他總有辦法讓我笑開懷。我畢業後就直接結婚了，其實沒什麼好猶豫的。我沒朋友，脾氣又拗，未來也不想工作。除了結婚，我想不到大學畢業後還能做什麼事。他也希望我婚後別工作，幫他打理家裡就好。那時我覺得自己好幸福，

先生有能力養我，還很疼愛我、保護我。戴上婚戒的那刻，我深深相信這只婚戒確保了我後半輩子的幸福快樂人生。

　　我婚前就知道他工作非常忙碌，時常要到外地工作。看工期長短不一，短則出差一、二個月，長則半年、一年的。婚後，我們過了兩年的甜蜜時光，我們不生育孩子，養了兩隻貓，享受著兩人偶爾分隔兩地、偶爾重聚的婚姻生活。但是，幾年後，日子一長，我逐漸厭煩他每次出差就是幾個月的分離。這樣的生活讓我漸漸感到好無趣，希望他可以每天都在身邊陪我。雖然我知道他在忙工作，但我就是耐不住自己一個人的孤單，會吵他、鬧他，要他立刻過來陪我，希望他在我身邊。他提議我跟著他出差，就當作是小旅行，但我捨不得兩隻貓跟隨著搬遷移動，而且，最重要的是他工作場合那邊的居住環境好糟糕，根本不適合我生活。

　　後來，我在交友軟體上認識了一個年紀相仿的男子，我們彼此很有話聊，其實我也知道對方的意圖很明顯，就是想要一段沒有壓力的性關係。我覺得自己很差勁，聊了幾次後，我情不自禁地把他約來家裡。那晚是我們第一次見面，我們相談甚歡，他讓我感受到久違的粉紅色浪漫戀愛感。或許是我太沉醉在外遇的戀愛微醺感受吧，我整晚沒有打電話煩先生，也沒有鬧他來陪我。先生可能隱約感覺到不對勁，開了夜車趕回家。先生一打開家門看見了我與那名男子，我嚇得急忙解釋，外遇對象趁隙溜走。雖然我跟外遇對象只是

坐在沙發上聊天而已，但先生就是不相信我的說詞。他怒不可遏，指責我不珍惜他，我從他的眼裡看見了憤怒與哀傷。

先生質問我為何要如此對待他，他怒吼著要離婚，我嚇壞了。如果離婚，我能去哪？我沒有工作經驗，也從未為五斗米折腰過，少了他，我靠什麼活。我哭喊著、跪著求他不要離婚。最後，他流下眼淚，漠然的點頭，看起來好像同意繼續婚姻生活。其實，我能感受到他的委屈與勉為其難，我覺得自己好差勁，竟然如此不珍惜先生，但我就是控制不住自己想外遇的衝動。

當晚，我夢見我一個人去爬山，我不知道終點在哪，在山林裡迷路了。我索性躺在山林裡的一塊巨石上，那塊巨石大約一層樓高，巨石灰灰的，沒有青苔，躺起來很乾爽、很冰涼。我躺在巨石上望著晴朗的天空，陽光灑滿身，身體暖暖的、很舒服。沒多久，竟然出現海嘯，海水一波波襲來。我被其中一波浪潮打落掉入海水裡；下一波浪潮又捲來更多小石塊，許許多多的小石塊隨著潮水撞擊我的身體，還滿痛的。我試著從巨石下方的小石堆中脫困，但海浪不斷席捲而來，使我不停地在水中翻滾。我掙扎著想要呼吸空氣，但海浪一波又一波捲來，我毫無招架能力，我一定會死掉吧！

幾番掙扎後，我卡在石堆中動彈不得。當我覺得自己快要窒息時。突然間，有雙手拉了我一把，把我從石堆中救了出來。定睛一看，救命恩人居然是我國中最要好的異性同

學。我為了感謝他，拿了一條巧克力要給他，他直說不用這麼客氣，推辭我的好意。我硬是把巧克力往他懷裡丟，他笑著拿起巧克力一看，軟軟的，巧克力已經熱到融化了。他苦笑著說雖然巧克力軟軟的、還是能吃。但是，他沒有吃。

做夢者的自由聯想

爬山卻迷路，我不緊張，很平常心。躺在山林中的巨石，石頭很溫暖，躺著身體很舒服，心情很開闊。

海水很冰冷，冰冷的像是我一個人待在家的空氣，待久了會失溫。但我卻逃不開，不知道出了家門還能去哪，我覺得很孤單寂寞。這孤單寂寞的感覺就如同是小時候的我待在家裡的感受，我時常害怕惹媽媽生氣而被丟棄在路邊。我總覺得媽媽對待寵物比對待我還要好，她時常用粗鄙難聽的字眼怒罵我。媽媽只要一不順心就會遷怒於我，把我罵得一文不值、叫我滾出去。從小，我都盡量避免跟媽媽接觸，還刻意一回家就洗澡睡覺，睡到半夜再起床念書，我得作息顛倒才能減少跟媽媽碰到面的時刻。爸爸總是用媽媽心裡生病的說詞來安撫我，要我多體諒媽媽。我爸也不想想，媽媽會這樣情緒失控，還不是因為爸爸你曾經外遇造成的傷害。

夢裡的國中異性同學在畢業後早已斷了聯繫。他是個陽光正向、開朗樂觀、健康有活力又不拘小節的運動型男孩。當我在國中階段，受到媽媽精神虐待時，唯一能讓我短

暫忘卻家裡烏煙瘴氣的，就只有他那陽光般的笑臉。下課時，他爾偶會湊過來跟我個笑話，大笑幾聲後又一溜煙得跑去打球。我總是遠遠的、靜靜地等待他靠近，再掛著一抹微笑看著開朗的他揚長而去。我從來沒跟他聊過心事，我深怕說了以後，他會不再陽光。

做夢者的推論

　　夢境裡的海水就像是我的寂寞感，當我一個人在同個地方待久了，就會感到寂寞。寂寞感一波波襲擊而來，我感覺自己快被吞噬，寂寞得快要死掉。心理師問我，當寂寞快要淹死我時，會奪走我的哪個部分？我的答案是「理性」。寂寞令我失去理智，寂寞也將我衝向婚外的危險關係，而這樣的我好糟糕。

　　我無法與丈夫分開，卻又壓抑不了寂寞，猛烈地黏著他，怕他離開。說真的，我其實不是怕他離開，我總覺得他很愛我，他是絕對不會離開我的。其實我心裡最恐懼的是，如果連先生都離我而去，那我一個人該怎麼辦？我需要他在我身邊，但我不確定是不是因為愛他才需要他。我也不知道自己到底愛不愛他？愛究竟是什麼？我真的不明白。或許是因為我連愛自己都不會了，也沒有被父母愛過，怎麼會知道如何去愛人與得到愛呢？

讀懂夢
從夢境與香氛中傾聽自己　　...160

心理師的建議

　　每個人的成長過程中，或多或少都有個卡關的生命議題。很多時候，人生議題沒有唯一的解答，也沒有標準答案可以參考。如果找不到答案，將問題拋之腦後而不去想它時，潛意識就會靜悄悄地在夜晚溜進夢裡，向做夢的你揮揮手，暗示著你這個問題仍然根深蒂結的頑固存在著。尤其是當現在的問題與過去的生命議題強烈共振時，現在的經驗會捲起過去的經歷，翻攪出過去與現在相關聯的情感，編排成兼具毀滅性與重生性的夢境內容。具毀滅性的夢隱微地訴說心靈的幽暗，具重生性的夢則指出心靈該整合的方向。這個夢，就是毀滅與重生並具。

　　躺在巨石上的舒適安穩被海嘯衝破，是毀滅；快被海水淹沒缺氧時，被陽光男孩拯救，是重生。夢暗示自我的破滅與重建，提醒做夢者：你該重新認識真實的自己。而真實的自己是什麼？其實，你一直都在找尋中。夢境的開端就是夢見自己在山林裡爬山，好像得有個目的地，卻又不知道該往哪走，你在夢裡迷失了方向。「爬」有往高處提升的象徵，「山」通常被視為是陽剛特質，這隱喻著你一直想往更高層次獲得自我認同，而且是偏向陽剛特質的自我面。但是，卻茫然不知該往何處去，心中很是迷惘。

　　在夢裡，迷路就索性躺在巨石上休憩，享受片刻的舒適溫暖，意味著你在找自我認同的陽剛特質時感到迷惘。既

然迷惘，那就乾脆暫緩向內找自己，反而是向外找尋可依靠的人。在現實生活中，向外尋求的依靠就是婚姻，先生就是你夢裡的巨石，給你厚實的支撐，使你能在安穩的環境裡享受陽光的溫暖，暫時忘卻你需要往自我內在開啟陽剛面的需求。當時的你，似乎是既然迷惘了，那就暫時擱置內向探索吧。不需在外頭剛強工作，只需柔順持家。反正無論如何，都有先生可以依靠著。

　　山林出現海嘯是超越現實邏輯的夢境，通常此種不符邏輯的夢境是個強烈訊號，代表著夢積極暗示做夢者內心有個潛藏的危機，而此危機定有方法能解決。夢中的海水是現實生活的譬喻，生活如浪潮，有潮起潮落，心境亦有高低起伏。心若沒有棲息之處，就無法固守著安然，更無法細品日常平淡的永恆。心海起波瀾，就像夢裡的海嘯，一波波襲捲而來，一再再侵蝕先生如磐石般的愛。然而，再怎麼固若磐石的愛，也抓不住沒有紮根的棲息者。

　　你說，夢中的海水就像是你的寂寞感，當寂寞淹過理智線，將你衝向外遇的危險；當婚姻孤寂得令人快要窒息時，逼得你轉向外呼吸新鮮空氣、向外人尋求短暫的歡愉。孤寂令人失去理智，衝動的後果是悔恨自責。在自由聯想的過程中，你想起了童年時期的家庭互動，這個夢串聯了現在的生活與過去的經歷，你回憶起年幼的你是多麼卑微與迂迴地向父母討愛。

　　小時候，無聲的渴望被父母呵護珍愛；成家後，從無

讀懂夢
從夢境與香氛中傾聽自己　　... 162

聲順從到喧鬧抗議，要求先生得立即滿足你的需求。對愛的強烈渴求形成一套找愛的迴圈，一直在別人身上找尋自己「值得被擺在第一順位重視」的證據。而過去，你的父母沒有能力給出愛；現在，你的先生也無力再擠出更多的愛，令你再次陷入不斷找愛的迴圈中。最後，轉向交友軟體的世界裡，啟程尋找被愛的感覺。

在夢境的後半場劇中，你墜落到冰冷的海水裡，被小石堆壓住、無法往上呼吸空氣，窘迫地快要窒息。夢見「墜落」有向下沉淪的象徵，「海」通常被視爲是陰柔特質。夢裡，你是向上爬山又向下墜落海裡，這意味著你在找自己陽剛面的過程中掉落在陰柔面裡，被寂寞的海水包圍，孤寂得快要缺氧。將你從孤寂海裡解救出來的是舊識的國中異性同學，你說他陽光正面、不拘小節。其實，這個夢中人就是你內在陽剛面的投射，夢見的他並不是他，而是你內在的陽剛面帶著他的面具在演出夢劇場，潛意識要觀看夢劇場的你看見：能拯救你的，只有你自己，你得讓陽剛開朗的那部分自我出現。

綜合整理夢境與潛意識的對話，把夢境濃縮以精鍊意義，這個夢訴說著：爬山卻迷路（找自己的陽剛面），索性舒適躺在巨石上休憩（先生的愛如磐石穩固），突然出現海嘯（寂寞感）捲起小石頭撞擊身體（外遇對象的愛如小石頭），身體被襲擊得很疼痛（外遇後果令你痛楚），快要窒息時被陽光男孩拉起（內在的陽剛面才能自我救贖

寂寞感），送他軟掉的巧克力當謝禮（用甜美安撫內在陽剛面），男孩善意謊稱軟掉的巧克力還能吃，卻沒有吃（以甜美安撫內在陽剛面是無效的塘塞策略）。

　　一旦細膩推敲夢裡人事物可能的表徵意義，能發覺夢中細節包裹著值得注意的象徵意義。夢通常是在回應做夢者內心的渴望，這個夢浮現做夢者渴望得到溫暖與愛，卻在找愛的路途中感到迷惘。如果要看清楚對愛的迷惘，就得先澄清對愛的需求是什麼。你說，你不知道愛是什麼？這回應真的很令人心疼，這也反映出現在正是時候，該去面對愛的課題了，不應該再拿軟掉的巧克力隨意塘塞自己、蒙混過去了。

　　我們回到夢境的開端來看，夢中的你是在爬山，隱喻著你正在往陽剛面找尋自我認同，迷惘後倚靠在如磐石般堅固的丈夫之愛裡。其實，你是在找自己愛自己的能力，但你並不習慣愛自己。因為從小就被教導要順從忍耐，在父母面前你得隱身，免得承受不住他們夫妻之間扭曲的感情所製造出的情緒垃圾。在關係中，因為怕受傷，所以你不想被擺在最優先受重視的位子；矛盾的是，心裡卻又好希望自己能最被重視、最被愛、被珍惜。

　　對於被愛，你習慣隱藏內心渴望，以無聲的語言傳遞內心需求。剛結婚時，你覺得自己好幸福，因為丈夫是個能讀懂你隱藏訊息的人，還能提供物質豐腴的生活。幾年過去，一個人獨自在家的時間過長，被迫獨處的寂寞感受油然

而生。於是，你回想這一切，開始生悶氣是丈夫把你關在婚姻的象牙塔裡，給你富足的生活卻沒有給你長時間的陪伴。你把孤單的感覺怪罪在丈夫身上，他無法拋下工作來回奔波，你內心不滿他沒有把你擺在第一順位重視，於是轉身到交友軟體的世界裡尋找愛。在找愛的過程中，兜兜轉轉好幾圈。說穿了，就是不斷在複製「企圖在他人眼中看見我是最重要的，我是值得被愛」的內在心理。

帶來負面情緒的惡夢，其實是為了幫助做夢者及早在夢中彩排危險情境，待現實生活的險境真正來臨時，能夠反應更快，生活才能更安全。夢呈現了做夢者的內在困境，同時，也指出改變的方向。你說，寂寞使你失去理智，把你推向婚外的危險關係。我倒覺得，寂寞能將你往外推向危險關係，也能將你往內推向自我內在。倒不如趁這個機會，往自己心中去看一看，向自我內在探索寂寞究竟從何而來？一直向外跟別人要愛，是溫暖不了自己的。向內看看吧！你內在陰柔面的溫順、敏感與纖細需要加點夢中陽光男孩的陽剛特質。更具體的來說，夢指出：能化解從小累積、根深蒂固的心理議題「我是值得擺在第一順位受人重視」的解決方法是「你內在的陽剛面」。

一旦當你願意看見自己好需要被愛、好想受人重視的渴望，願意去接受與認可那個脆弱的自我，就能撐開心靈的空間，讓光亮熱情的陽光灑進幽暗枯槁的心裡。然而，黑暗

與光明、陽剛與陰柔並非是對立的兩面，而是並存的兩個部分。夢在提醒你：與其要他人給你愛、給你自我價值的肯定，倒不如自己給自己吧！方法就是有彈性的展現出剛柔並濟的人格特質，溫柔敏感是妳，勇敢獨立也是妳。

推薦的香氛精油：岩玫瑰（Cistus，學名Cistus ladaniferus）

岩玫瑰為野生的小型開花灌木，生長於乾燥的岩石或沙石地，不適合鬆軟黏膩溼稠的土壤。崇尚自然，多半是野生品種，無法人工種植，植物性格清爽俐落，具有強韌的生命力與清新的外貌。岩玫瑰氣味嗆涼與厚實，嗆涼氣味能提振精神、厚實氣味能提供安全感。岩玫瑰的溫暖撫慰特質能為早年創傷化瘀，賦予內在心靈穩定的力量，適合撫平過往惆悵，讓人呈現清麗的獨特迷人自信，使人純粹活在當下。

推薦的香氛精油：乳香（Frankincense，學名Boswellia）

乳香樹生長於貧瘠的沙漠，乳香樹皮破損後流出樹脂以保護自身，乳香香氛萃取自乳香樹脂，萃得之香氛帶有自我療癒的隱喻。乳香香氛兼具木質沉穩與辛香料的神祕氣味，空靈的韻味縈繞。古埃及人認為乳香是最接近神的氣味，是引渡靈魂的指引，有「神的汗液」之稱。乳香能帶來

沉靜的力量，可安撫情緒，抗緊張焦慮心情。深深嗅聞乳香，能使呼吸變深長以安定心神。

推薦的香氛精油：黑胡椒（Black pepper，學名 Piper nigrum）

黑胡椒時常作爲食物的香料，氣味陽剛溫暖又帶點辛辣，若作爲香氛精油之用，能促進血液循環，其輕微發汗效果能溫暖身體與散發活力，能緩解沮喪與激活希望，帶來熱情與活力。由於黑胡椒香氛是將胡椒果實曬乾碾碎後萃取而得，是迸裂出的香氣，隱喻著可幫助人跳出舊有框架，勇敢嘗試新計畫，能產生自信、向目標邁進。適用於挫折時給予支持，感覺無力時給予溫暖。

推薦的香氛精油：甜橙（Sweet orange，學名 Citrus sinesis）

橙可分爲甜橙與苦橙，苦橙氣味較細緻，適合年長者；甜橙氣味酸甜酸甜，給人年輕有活力的感覺，就像是天眞活潑的小孩在陽光下奔跑，讓人看了心情不自覺地跟著開闊起來。甜橙氣味輕盈清爽像是陽光般的光明與清亮，能讓心情變得開朗與積極，舒緩身體的緊張與心理的壓力，亦能放鬆神經以幫助睡眠，在壓力大時能激發正面力量，帶來蓬勃朝氣。但甜橙香氛的氧化速度較快，需開封後半年內使用完。

國家圖書館出版品預行編目資料

讀懂夢：從夢境與香氛中傾聽自己／王子欣
著. --初版.--臺中市：白象文化事業有限公司，
2023.4
　　面；　公分
ISBN 978-626-7253-71-7（平裝）
1.CST: 夢 2.CST: 潛意識 3.CST: 芳香療法
175.1　　　　　　　　　　　　112001694

讀懂夢：從夢境與香氛中傾聽自己

作　　者　王子欣
校　　對　王子欣
發 行 人　張輝潭
出版發行　白象文化事業有限公司
　　　　　412台中市大里區科技路1號8樓之2（台中軟體園區）
　　　　　出版專線：（04）2496-5995　　傳眞：（04）2496-9901
　　　　　401台中市東區和平街228巷44號（經銷部）
　　　　　購書專線：（04）2220-8589　　傳眞：（04）2220-8505
專案主編　林榮威
出版編印　林榮威、陳逸儒、黃麗穎、水邊、陳婷婷、李婕
設計創意　張禮南、何佳諠
經紀企劃　張輝潭、徐錦淳
經銷推廣　李莉吟、莊博亞、劉育姍、林政泓
行銷宣傳　黃姿虹、沈若瑜
營運管理　林金郎、曾千熏
印　　刷　基盛印刷工場
初版一刷　2023年4月
定　　價　250元

白象文化　印書小舖　出版・經銷・宣傳・設計
PRESSSTORE
www·ElephantWhite·com·tw　f 自費出版的領導者　購書 白象文化生活館